Contes misanthropiques

Samuel-Henry BERTHOUD

(1831)

KarYair Voyage

Texte Intégral

ISBN 979-10-95581-10-9

NOTICE

sur

LES CONTES

MISANTHROPIQUES

Par Henry BERTHOUD

Nous avons beau vanter le penchant décidé de la génération contemporaine pour les études profondes ; c'est encore une flatterie que nous adressons à l'époque, vils courtisans qui, pour obtenir son suffrage, appelons, avec aussi peu de pudeur, notre jeunesse grave et sérieuse, au lieu de la dire présomptueuse et gourmée. Des études profondes ! Quand jamais la frivolité n'a été plus générale, mais frivolité pesante et sournoise, gambadant au bruit des antiques monuments qui tombent, des constructions fragiles qu'on ébauche pour un jour. Des études profondes ! quand jamais à côté des demi-connaissances qui infectent tous les rangs de la société, on ne vit moins de traces d'une instruction laborieuse, solide et bien digérée ! Vous me demandez la vérité ? La voici : nous sommes des étourdis maussades et sinistres, des ignorants frottés d'une science pédantesque. Le mot est dur peut-être, mais le siècle qui se proclame siècle d'indépendance et de franchise aurait mauvaise grâce de se plaindre si, à notre tour, nous faisons acte de libres penseurs.

Pour des esprits fanés en leur fleur, affadis par la satiété, harassés de commotions politiques, secoués par des passions forcenées, préoccupés de calculs égoïstes, de nouveautés menaçantes, d'espérances ambitieuses et cruelles, il n'y a guère que deux lectures possibles : celle des journaux et celle des contes. Elles seules sont de nature à satisfaire notre curiosité d'enfant, notre sensibilité fébrile. Ne nous parlez pas d'un gros livre, d'une argumentation longuement déduite ; avant d'être à la dernière page, avant d'arriver à la conclusion, qui nous répondra que le monde n'aura pas changé de face ? Nous sommes en marche, nous sommes pressés, nous n'écoutons qu'en courant, et pour être aperçu, pour être entendu au milieu de la foule et du tumulte, il faut un extérieur bizarre, il faut grossir sa voix[1].

Tel est, en effet, le double caractère des écrivains actuels. S'il est vrai que la littérature soit l'expression de la société, qu'annonce cet empressement à peindre l'horrible, à représenter l'humanité sous le point de vue le plus abject et le plus hideux ? Est-ce la littérature qui calomnie la société, ou la société qui pervertit la littérature ?

M. Berthoud, en ménageant notre paresse, en se précautionnant contre notre impatience, n'a, du reste, que peu sacrifié au système à la mode. Ce n'est pas Hamilton promenant son lecteur dans le labyrinthe d'un récit plein de grâce et de finesse ; ce n'est pas Voltaire à l'ironie amère et mordante, prodiguant aux misères humaines ce mépris et cette dérision que ne lui épargne point le Méphistophélès de Goëthe. Serait-ce Hoffmann, à l'imagination rêveuse et maladive[2], égaré sur la limite douteuse de l'existence réelle et de l'existence idéale ? Non, pas plus que Mérimée saisissant avec une vérité parfaite cette espèce de réalité, que les Allemands appelleraient *objective*, disposant avec une adresse heureusement dissimulée toutes les parties d'une action dramatique, et y répandant la couleur chaude et vivifiante de son style.

Si M. Berthoud doit être comparé à quelqu'un, c'est plutôt à Sterne qu'à tout autre. Du reste, sa physionomie est plus agréable que prononcée, sa composition plus sage qu'originale.

---

[1] Faites prendre à ma voix l'éclat de la trompette.

Chapelain, *la Pucelle*, ch. I.

[2] *Ægri somnia.*

À l'exception de quelques traits de mauvaise humeur contre le mariage, de quelques applications de la philosophie de La Rochefoucauld et de Montaigne, on ne voit pas trop comment l'auteur justifie son titre de *Contes misanthropiques* ; et tant mieux. Nous n'avons que trop de ces écrivains boudeurs et moroses qui ne voient l'univers qu'à travers un crêpe et qui, mélancoliques de sens rassis, exploitent, tant bien que mal, le lugubre lieu commun du malheur.

De petits tableaux tels que ceux de M. Berthoud n'admettent pas de détails vulgaires. Plus le cadre en est resserré et plus on a le droit d'exiger que le peintre rachète par le choix des accessoires ce qui manque à l'invention. Nous voudrions donc élaguer de sa collection plusieurs nouvelles dont le fond et la forme sont par trop communs ; ainsi qu'une ou deux qui arrivent au dénouement d'une manière forcée. Mais, en général, ses brèves narrations présentent un intérêt doux et tranquille, et aboutissent à une idée morale qui fait utilement réfléchir.

On regrette qu'il n'ait pas tiré un plus grand parti des traditions historiques et des couleurs locales, quoiqu'il semble appelé à les reproduire avec succès. Par exemple, la *nouvelle flamande* intitulée *le baptême d'une cloche*, est une des meilleures de son livre, mais elle n'a rien de *flamand*, rien de spécial. Et pourtant quelle riche mine l'auteur avait à exploiter dans les coutumes et les souvenirs de sa patrie ! Habitant de Cambrai[3], ami de M. Le Glay, si versé dans les antiquités flamandes, quels secours son imagination n'emprunterait-elle pas à l'érudition accorte et facile de cet écrivain ? Nous connaissons une personne qui depuis longtemps garde en portefeuille une suite de traditions belges en prose et en vers, mais qui, distraite par le devoir du commerce des muses, absorbée par des travaux pénibles, éloignée d'un théâtre littéraire et découragée par la défaveur attachée aux essais nationaux, a condamné ces esquisses à un perpétuel oubli,

---

[3] Plusieurs de ses Contes sont insérés dans les Mémoires de la Société d'émulation de cette ville.

toute prête cependant à applaudir à ceux qui, comme M. Berthoud, pourraient parcourir une carrière où elle n'a plus assez d'ardeur et d'illusions pour s'engager.

Disons quelques mots du style de M. Berthoud. Il a la bonhomie provinciale d'écrire avec simplicité et correction. On le prendrait pour un classique, à quelques fautes près et sauf certains endroits où il a tenté d'imiter cette manière qui consiste à dire tout ce qu'une chose est et n'est pas, à accumuler les épithètes et les synonymes, à dérouler et à replier la période comme un serpent qui, se ramassant sur lui-même, nous éblouit par cette évolution continuelle, et fait mieux ressortir les taches dont son corps lisse et chatoyant est bigarré : manière que le talent de l'auteur de *Barnave* a rendue si séduisante, sans parvenir néanmoins à en éviter tous les défauts.

Il est encore un artifice du style moderne, qui semble avoir faiblement touché M. Berthoud. Cet artifice nous a été révélé par un homme de beau coup d'esprit, malheureusement placé sous l'influence d'un système qui regarde le goût comme une vieillerie, une superstition, un despotisme, une sorte de féodalité littéraire indigne des têtes émancipées du dix-neuvième siècle, le goût qui est cependant la probité du génie et la seule et unique sauvegarde de la médiocrité.

Ce mystère de l'art que Boileau, Racine, Fénelon avaient le malheur d'ignorer, consiste à substituer aux expressions abstraites et générales des mots qui précisent des réalités sensibles[4] : ainsi le ciel ne sera plus serein ou sombre, il sera bleu, rouge, gris ; un édifice cessera d'être imposant, majestueux, il sera haut, il sera bas, il sera large, et tout n'en paraîtra que mieux si l'on en donne la mesure exacte. En vertu de cette théorie, ces vers de M. Chapelain, poète dont il n'est plus guère permis de se moquer[5], seraient un modèle ; il s'agit de la *belle Agnès* :

---

[4] Voyez la poétique placée à la fin des *Poésies* de *Joseph Delorme*.

[5] On voit dans la *Correspondance de Grimm*, 1re part., t. II, p. 160, qu'un certain M. de Caux de Cappeval avait annoncé, en 1757, qu'il corrigerait le style de la Pucelle, le plan ne laissant rien à redire. Ce qu'il n'a pas fait,

On voit hors des deux bouts de ses deux *courtes* manches,
Sortir à découvert deux mains *longues* et *blanches*,
Dont les doigts *inégaux*, mais tout *ronds* et *menus*,
Imitent l'embonpoint des bras *ronds* et *charnus*.

La Pucelle, liv. v.

Ne s'aperçoit-on pas que cette doctrine, poussée à ses dernières conséquences, tendrait à matérialiser la poésie, à y introduire le système de la sensation de Condillac ? N'est-il pas souvent plus poétique d'aller de l'effet à la cause que de la cause à l'effet, et les objets ne sont-ils pas bien moins intéressants en eux-mêmes que par l'impression qu'ils peuvent faire sur nous ? Que le ciel soit d'azur, qu'il soit d'un bleu plus ou moins foncé, je ne m'y oppose pas, mais son aspect rend à mon âme la sérénité. C'est de moi que je pars pour apprécier son spectacle, et quand je dis que le ciel est serein je ne suis ni plus trivial ni plus faux que lorsque je prononce sur sa couleur.

Il faut savoir gré à M. Berthoud de ne s'être pas laissé prendre à ces paradoxes. Pour avouer toute notre pensée, cet auteur, quoiqu'estimable, a plus de mérite à nos yeux par les fautes où il n'est pas tombé que par les qualités dont il fait preuve. Son livre n'en est pas moins une œuvre de bon sens et de goût, qu'on peut lire sans danger pour l'esprit et pour le cœur, ce qui est aujourd'hui un grand point, et s'il n'y manifeste pas une grande fécondité d'imagination, une haute portée d'intelligence, nous répondrons pour lui en conservant la différence des vers à la prose :

> J'en conviens, en fesant des vers
> Ma carrière est bientôt fournie ;
> Déjà dételle mon génie
> Dès que j'ai griffonné la page et le revers.
> Pourtant mon Aristarque exige que la muse
> Ne me quitte plus en chemin,
> Que ma verve ait un lendemain,

---

quelques-uns de nos poètes en vogue paraissent l'accomplir ; leurs vers ne sont que du Chapelain *revu et corrigé,* et ce n'est pas ici une épigramme.

Qu'un si beau feu moins vite s'use
Et d'un volume honnête échauffe aussi la fin.
        Mais la faiblesse est mon excuse ;
La paresse, à son tour, délicieux venin,
M'engourdit quand je crois chausser le brodequin
Ou contre le clairon changer ma cornemuse :
        Il faut céder à son destin.
        Ô bon Sancho, ta monture innocente,
A-t-elle pu jamais du fougueux Rossinante
        Égaler le rapide essor ?
        De Bonneau la mule indolente
Suivait-elle d'Agnès la cavale au frein d'or ?
Telle est ma muse, à moi : je le dis sans mystère.
C'est encor, si l'on veut, la lampe solitaire
        Qui s'éteint quand du soleil
        Le cadran pur et vermeil
        Vient d'annoncer à la terre
        Qu'il est l'heure du réveil.
        C'est le buveur cacochyme,
        Par Broussais mis au régime,
        Qui se borne, en soupirant,
        À saluer chaque grâce
        D'un verre unique où la glace
        Tempère l'aï fumant.
        C'est la bergère timide
        À qui son chien sert de guide,
        Et qui d'un pas plus rapide,
        Là-bas, près du ravelin,
        Va consulter en cachette
        Le pieux anachorète
        Possesseur de la baguette
        Et du savoir de Merlin ;
        Mais qui, bien loin du village,
        Oncques n'alla, fille sage,
        Dans les murs de la cité,
        Montrer sa simple tournure,
        Son corset et sa figure
        Belle de timidité.

DE REIFFENBERG.

Contes
misanthropiques

L'AMI DE MON ONCLE BERTRAND.

HISTOIRE PARADOXALE

1825

> *Homine nil miserius.*   (PLINE)
> Nous désirerions peu de choses avec ardeur, si nous connaissions parfaitement ce que nous désirons.
> (LAROCHEFOUCAULD, *Maximes*)

C'est un singulier homme que mon oncle Bertrand ! Ce qu'il éprouve, ce qu'il fait ne se montre jamais d'accord avec ce qu'il dit.

À l'entendre, il n'existe ni bonté, ni tendresse, ni vertu, et je ne connais pas d'homme meilleur, plus sensible et plus respectable que mon oncle Bertrand. Racontez devant lui une belle action : les larmes commenceront par lui venir aux yeux ; ensuite il vous démontrera sans pitié qu'elle n'a été produite que par un calcul d'égoïsme. Il se délecte dans une riche bibliothèque ; il aime à s'entourer d'amis, et son affection pour moi, le seul membre de sa famille épargné par la mort, son affection, dis-je, n'a jamais reculé devant les plus grands sacrifices : néanmoins, il ne se passe point un jour sans que mon oncle ne crie anathème sur la satiété produite par l'étude ; nul ne s'exprime avec une pareille virulence sur la folie des malheureux assez dupes pour croire à l'amitié, aux liens du sang ou à la reconnaissance. Enfin, les plus douces, les plus chères illusions se dissipent devant ses amers sarcasmes, devant ses raisonnements qui désespèrent. Si la vie de mon oncle Bertrand ne se trouvait là tout entière pour démentir ses paradoxes, cela est sûr, après l'avoir ouï, l'on ne croirait plus rien.

Un jour que je dînais chez lui avec plusieurs autres personnes, on vint à parler de bonheur, et chacun, vous le comprenez, se mit à en créer un à sa manière. Après de longs propos, tout le monde tomba pourtant d'accord qu'un homme jeune, riche, bien portant, instruit, spirituel, doué de sensibilité et de grands avantages physiques, ne pouvait manquer d'être heureux.

Mon oncle Bertrand, qui n'avait point jusque-là dit un seul mot, fit un sourire de pitié et leva les épaules. Après quoi, il passa deux ou trois fois la main gauche sur son front élevé : c'est ainsi que fait toujours mon oncle lorsqu'il s'apprête à conter quelque chose.

Il s'établit alors parmi nous un grand silence.

Mon oncle Bertrand se prit à parler en ces termes :

« Il n'est personne de vous qui n'ait lu dans les Contes de La Fontaine l'histoire du malavisé roi Candaule.

» Ce qui advint au pauvre prince m'est aussi advenu.

» Épris de Lucile B** comme on s'éprend à vingt-cinq ans, je me croyais aimé d'elle comme on se croit aimé à vingt-cinq ans. Mon mariage devait avoir lieu bientôt, et il aurait manqué quelque chose à mon bonheur si Léopold de Merville, si mon ami d'enfance n'en avait été le témoin : car, lorsqu'on a vingt-cinq ans, on croit à l'amitié.

» Le mariage de Lucile fut célébré à six mois de là, mais avec Léopold de Merville.

» Ma tendre fiancée avait préféré au pauvre Bertrand un jeune homme dont la bonne mine et l'esprit se rehaussaient de 50 000 francs de rentes.

» Voilà comment il se fait que Merville se maria, et que je restai garçon. »

Malgré la tournure plaisante que mon oncle Bertrand tâchait de donner à ce récit, sa voix altérée et un silence de quelques instants décelaient une émotion pénible.

Il reprit ensuite :

« Hélas ! Ils ne jouirent pas longtemps du bonheur de cette union : Merville se trouva père et veuf le même jour.

» Dix-huit ans après cet événement funeste, je reçus une lettre de Merville : il n'avait plus que peu de jours à vivre, m'y disait-il, et il me suppliait, au nom d'une amitié

» D'abord silencieux et graves, tous les Mexicains qui dînaient avec nous se livrèrent bientôt, et presque instantanément, aux plus bruyantes conversations : c'était à ne pas s'entendre. Nous vîmes bien pis vers la fin du repas : on se mit à porter à la liberté des toasts assourdissants, et douze ou quinze personnes, debout en permanence, ne cessèrent de crier, ou plutôt de hurler, avec accompagnement d'exclamations de tous les convives : *Copas en mano ! Union y libertad* !

» Le délicat, le réservé Gustave souffrait de l'aspect de cette orgie, et je pus me convaincre tout à fait qu'il commençait à se repentir de sa folle équipée. L'ennui de la route et tout ce qui se trouvait sous ses yeux avait merveilleusement contribué à cela. L'amour-propre et l'habitude, car l'habitude influe puissamment aussi sur l'imagination et les désirs de l'homme, le faisaient seuls persister dans ses recherches. Le moyen de mener à bien ces heureux symptômes était de feindre ne pas m'en apercevoir : en conséquence, à mesure que l'exaltation de Gustave se refroidissait, moi je redoublais de zèle pour retrouver Clara ; et je ne pris point de relâche avant que mon pupille et notre hôte ne fussent en marche avec moi pour la tertulia.

» Le négociant, notre guide, était Européen, et il avait décoré sa maison à la manière du continent : ce fut donc sans préparation que Gustave se trouva dans la salle où se tenait la tertulia.

» Comme mon jeune ami, vous vous attendez à voir déployer dans cette réunion une splendide élégance : eh bien ! figurez-vous un plancher délabré, un mur sans plâtrage et blanchi à la chaux ; ajoutez pour plafond le dôme circonflexe des poutres et des solives ; étendez par-dessus les écailles d'un manteau de tuiles ; remplissez tout cela d'une épaisse fumée qu'exhalent quatre cents cigares ; puis des cris perçants, des accords de mandoline, des éclats de rire qui donneraient le vertige, et vous aurez une idée à peu près exacte d'une tertulia mexicaine.

» Oui, Messieurs, c'est là que deux cents femmes éblouissantes de toilette, se tiennent rangées le long des murs, dans une position pour ainsi dire automatique ; c'est là que, par un contraste désagréable, circulent ou s'amassent autour des tables de jeu des hommes en bottes, en manteau, et leur chapeau de sombreros sur la tête. À chacun des angles de l'appartement, on aperçoit une table de pierre, sur laquelle s'élève un flambeau massif chargé d'une mauvaise chandelle qui sert uniquement à rendre l'obscurité plus visible. Derrière cette lueur, car je n'ose dire cette lumière, apparaît, sous un globe de verre, une statuette de la Vierge, patronne du Mexique, et que la dévotion de la maîtresse du logis a couverte de fleurs artificielles d'un goût détestable. Au milieu du salon les chapeaux et les châles sont amoncelés sur une grande table, parmi des verres et des rafraîchissements ; et enfin les nourrices et les vieux domestiques se promènent en long et en large, causant avec leurs propres maîtres d'une manière très familière et inusitée tout à fait en Europe.

» Je me réjouis de la stupéfaction et du dégoût qu'exprimait la physionomie de Gustave.

— « Est-elle ici ? lui demandai-je.

— » Eh ! le moyen d'y voir dans une fumée pareille ? » me répondit-il d'un ton moitié impatient et moitié mélancolique. Je me saisis de son bras, et par cette contrainte amicale je l'obligeai à me suivre de groupe en groupe... Tout à coup Gustave frissonna : il avait reconnu celle qu'il était venu chercher à travers les mers... Elle fumait un cigare de la meilleure grâce du monde, riait aux éclats, et sa taille légèrement déformée annonçai que la jeune fille était devenue jeune femme. D'ailleurs, un grand flandrin vint lui parler d'une façon toute conjugale, et notre guide nous dit : « Cette dame est la señora Bemposo, mariée depuis quatre mois, à son retour du continent. Sa famille n'habite point Santa-Crux ; son père est un négociant de Mexico. »

» Gustave m'entraîna rapidement au logis, sans me dire une parole. Le lendemain, nous étions embarqués sur un navire faisant voile pour la France ; le surlendemain, il riait de sa mésaventure.

— « Mais, mon oncle, m'écriai-je, Gustave n'est point malheureux pour avoir fait une folie : devenu sage par le tribut qu'il a payé, il se trouve maintenant en garde contre une imagination trop vive et trop exaltée.

— » Oui, répondit mon oncle : il a épousé, l'année dernière, une cantatrice étrangère fort jolie, fort passionnée et sans un écu de dot.

— » Eh ! Qu'avait-elle besoin de dot pour épouser Gustave, riche de cent mille livres de rentes ? Il est maintenant heureux, près d'une femme qu'il aime et dont il est aimé.

— » Oui, reprit une seconde fois mon oncle, en tirant un papier de sa poche : voici la dernière lettre qu'il m'a écrite : c'est pour presser l'homme d'affaires qu'il a chargé de solliciter une séparation de corps. Il ne saurait plus vivre, mon neveu, avec la femme qu'il aime et dont il est aimé.

— » Où se tient donc le bonheur, m'écriai-je, puis que la sensibilité rend malheureux, et que la fortune ne sert qu'à satisfaire des désirs insensés et dont on maudit l'accomplissement ?

— » J'ai connu, reprit une troisième fois mon oncle Bertrand, j'ai connu quelqu'un qui disait : pour être heureux, il faut avoir riche épargne, mauvais cœur et bon estomac.

— » Fi d'un tel bonheur ! s'écria chacun de nous.

— » Alors, reprit mon oncle pour la quatrième fois, dites-moi, je vous prie, ce que vous entendez par le bonheur. »

LANG-MAO-LI

ANECDOTE CHINOISE

> Caressez un tigre, il vous dévorera la main.
>
> (IU-KIAO-LI)

Dans la province de Fo-Kien, si célèbre par le beau cristal de roche que l'on trouve dans ses montagnes, était une maison petite et commode, à la construction de laquelle le goût semblait avoir présidé plutôt que l'opulence. Elle était entourée d'arbres qui l'embellissaient par la variété de leurs feuillages et de leurs fruits délicieux. Le li-tchi se courbait sous le poids de ses pommes écarlates, à côté du chi-tsé dont les baies savoureuses mêlaient leur parfum à celui des grains du muichu. Non loin de là, sur les bords d'un ruisseau limpide, un vieux domestique recueillait, dans d'immenses vases d'une porcelaine grossière, des melons et une sorte d'amandes appelées lon-gyen, dont l'écorce jaune et unie recouvre une chair blanche et vineuse. On remarquait plus loin d'appétissantes pyramides qu'il venait de former avec des pa-tsians, des tcheou-kous et des fan-pole-myes, fruit délicieux connu en Europe sous le nom d'ananas.

Paisible possesseur de cette riante retraite, le jeune Lang-Mao-Li composait des vers sous un berceau de bilimbi.

Le front appuyé sur la main gauche, il se préparait à tracer de la droite, avec son pinceau d'ivoire, les idées que lui inspirait le calme profond de ce séjour enchanteur, lorsque tout à coup un affreux rugissement et des cris plaintifs interrompent ses méditations. Il se lève précipitamment : un tigre énorme poursuivait une jeune femme.

Sans hésiter, Lang-Mao-Li s'élance au-devant du féroce animal, et lui plonge son poignard dans le cœur ; mais il paya chèrement la victoire, car son ennemi, en se débattant, lui enfonça dans le bras gauche ses ongles redoutables.

Un vieux serviteur de Lang-Mao-Li, nommé Fan-Po, après avoir posé un premier appareil sur la blessure de son maître, le conduisit dans l'appartement où l'attendait la jeune dame qui lui devait la vie. Elle s'avança timidement vers son libérateur, et, relevant le voile qui l'enveloppait, lui montra en rougissant des traits d'une beauté rare pour une Chinoise. Elle avait la tête ornée d'une faug-hoang, dont les ailes d'or étendues couvraient son front large et brun ; la queue de même métal s'élevait en aigrette, et le cou, terminé par un bec aigu, s'allongeait sur son nez dont la petitesse remarquable le disputait à celle de ses yeux. Enfin sa taille offrait un embonpoint plein de grâce, et sa démarche chancelante et incertaine indiquait suffisamment l'admirable exiguïté de ses pieds.

Jeune et poète, Lang-Mao-Li ne sut voir ces attraits sans un vif sentiment d'admiration ; aussi ne put-il prononcer un seul mot, tant il était troublé. Heureusement il eut le temps de se remettre un peu tandis que la belle inconnue lui apprenait le nom de son père, Namb-Ki, riche marchand à Fo-Kien. « Je me rendais chez une de mes parentes, ajouta-t-elle, lorsqu'un tigre se jeta sur les deux esclaves qui portaient ma litière. Ce monstre m'aurait mise en pièces si vous n'aviez sauvé, au risque de la vôtre, la vie de l'infortunée Iu-Sa. Puisse le grand Fo récompenser mon libérateur ! »

Lang-Mao-Li essuya une larme, et fut plus troublé que jamais.

Lorsque son attendrissement se trouva un peu calmé, on délibéra sur les moyens de prévenir le père d'Iu-Sa, et du danger qu'elle avait couru, et du lieu où elle avait trouvé un asile : il fut décidé que Fan-Po partirait le lendemain au point du jour.

La belle Iu-Sa se retira ensuite dans l'appartement qu'on lui avait préparé, et Lang-Mao-Li passa toute la nuit à rêver aux petits yeux de la charmante fille, et à composer des vers où il comparait leur éclat à celui de la reine-marguerite, fleur de prédilection des poètes chinois.

Timide et respectueux comme on l'est toujours la première fois qu'on aime, Lang-Mao-Li n'osa point enfreindre les lois sévères de l'étiquette, qui défendent à un Chinois de se présenter devant une fille nubile : il déposa en soupirant, sur le seuil de l'appartement d'Iu-Sa, une corbeille des plus rares fleurs et des fruits les plus délicats ; il attendit ensuite avec une vive impatience le retour de Fan-Po.

Fan-Po parut enfin, accompagné d'un petit vieillard replet et dont le regard malin pétillait de ruse et d'adresse.

Namb-Ki (c'était le père d'Iu-Sa) se prosterna aux pieds de Lang-Mao-Li, comme s'il eût salué un mandarin. « Que le grand Fo, s'écria-t-il, enveloppe du manteau de la prospérité celui qui joint le courage de Meang-Ni à la sagesse de Confut-Zée[6] et au talent poétique du divin Ibionam ! »

Le jeune homme reçut ces éloges en rougissant de plaisir et de modestie, puis s'empressa d'offrir au marchand un repas champêtre, dans lequel on servit d'un vin délicieux de Nam-Hung. Namb-Ki redoubla encore ses éloges et ses protestations d'amitié : il versait des larmes, levait les mains au ciel, pressait Lang-Mao-Li sur sa poitrine. Enfin il fallut se quitter : le marchand fit avancer sa litière et y plaça lui-même sa fille... Heureux Lang-Mao-Li ! Iu-Sa souleva son voile adroitement, et jeta sur son sauveur un regard plein de reconnaissance et de tendresse.

Le jeune poète suivit des yeux, tant qu'il le put, la litière qui renfermait Iu-Sa. Elle avait disparu depuis longtemps, et il tenait encore les yeux fixés sur la route qu'elle avait prise. Triste, rêveur, éprouvant un vide qui jusqu'alors lui avait été inconnu, il voulut se livrer à ses occupations chéries ; mais ce fut en vain : le souvenir

---

[6] Confucius (N.d.E).

d'Iu-Sa occupait toutes ses idées, et il ne put que tracer sur ses tablettes le nom harmonieux de la belle Chinoise.

La nuit, qu'il passa dans une cruelle insomnie, augmenta encore son exaltation ; et, le matin, Fan-Po fut tout étonné de le voir revêtu d'une large veste écarlate dont cinq boutons d'or fixaient à droite les pans repliés. Un riche caleçon de taffetas blanc, qui retombait sur ses bottines pointues, rendait complet ce costume élégant. Lang-Mao-Li allait demander à Namb-Ki la main d'Iu-Sa.

« Que je vais être heureux ! se disait-il en chemin : le grand Fo me récompense de mon courage avec une divine et admirable bonté : je connais combien est belle celle que je dois épouser, et je ne cours pas le risque de voir sortir de la litière nuptiale un monstre difforme dont je ne pourrais me débarrasser qu'en payant à son père un riche dédit ! »

À mesure qu'il approchait de la maison de Namb-Ki, il sentait son courage s'évanouir ; car il redoutait que la douce aisance dont il jouissait ne parût fort peu de chose aux yeux du père d'Iu-Sa : « S'il n'exauce point mes vœux, il ne me reste qu'à mourir ! » se disait-il.

Lorsqu'il entra dans la maison du marchand, comme son cœur battait avec force ! Quels furent sa rougeur et son embarras lorsqu'il lui fallut expliquer le sujet de sa visite !

« Que me demandez-vous ! » s'écria douloureusement Namb-Ki. Puis, après un moment de silence : « Comment refuser ma fille à l'homme généreux sans lequel je ne la verrais plus !... Pourquoi ne suis-je pas plus riche !... Mais que le grand Fo jette seulement un coup d'œil favorable sur mes entreprises, et je partagerai ma fortune avec vous... Que dis-je ? Je vous la donnerai tout entière ! »

Lang-Mao-Li se récria sur de tels discours, et, pour prouver son désintéressement, ajouta qu'il voulait épouser sans dot celle dont il demandait la main. Namb-Ki leva les bras au ciel avec admiration ; et la noce fut célébrée, quelques jours après, avec une pompe et un éclat extraordinaires : elle coûta au poète plus d'une année de son revenu.

Il serait difficile de peindre le bonheur dont jouirent les deux époux pendant les trois premiers mois de leur union. Namb-Ki les visitait presque chaque jour, et la table de son gendre était devenue en quelque sorte la sienne. Sa bonne humeur et sa franchise achevèrent de lui gagner l'affection du poète ; aussi ne fut-ce pas sans un vif chagrin que celui-ci remarqua le changement survenu, depuis quelques jours, dans le caractère du marchand : il était sombre, taciturne, et, tandis qu'il mangeait, de grosses larmes tombaient sur ses joues.

Tout ce que l'amitié a de plus tendre et de plus pressant fut mis en usage par Lang-Mao-Li, pour deviner le fatal secret de son beau-père. Enfin, il le connut : il allait être ruiné, déshonoré : il avait à payer une somme de trente mille sequins à la fin du mois, et la perte récente d'un vaisseau rendait ce paiement impossible. Lang-Mao-Li n'hésita pas : il vendit plus de la moitié de ses biens, et, huit jours après, il remettait à Namb-Ki les trente mille sequins qui devaient prévenir sa ruine. Celui-ci les reçut avec les plus vifs transports de joie et de reconnaissance, promit à son gendre de les lui restituer avant quelques mois, et voulut lui donner un écrit dans lequel il déclarait être débiteur de cette somme : le lettré rejeta bien loin une telle proposition ; Namb-Ki n'en parla plus.

Quelque temps après, une affaire importante força Lang-Mao-Li de se rendre à Pékin ; Fan-Po l'y accompagna. Il fallut arracher Iu-Sa des bras de son mari. Il est inutile de dire combien le poète hâta son retour de tous ses efforts, et quelle fut sa joie en se retrouvant auprès de sa femme après une absence de deux mois.

Tandis qu'Iu-Sa faisait à son époux le récit de tout ce qui s'était passé chez lui durant son voyage, récit qu'il interrompit plus d'une fois par de tendres caresses, un homme, pâle, enveloppé de vêtements en désordre, entra précipitamment dans la maison et se prosterna aux pieds de Lang-Mao-Li.

« Savant lettré, dit-il, des soldats me poursuivent, et, si vous me refusez un asile, je vais tomber entre les mains d'un puissant ennemi. Mon crime est d'avoir révélé dans une satire les exactions du mandarin de cette province... »

Lang-Mao-Li ne lui donna pas le temps d'achever, le releva, et lui jura qu'il pouvait regarder sa maison comme la sienne tant qu'il courrait quelque danger.

Après avoir changé de vêtements, Tit-Se-Lo (c'était le nom que se donnait l'inconnu) vint rejoindre Lang-Mao-Li, qui fut émerveillé de la bonne mine de son nouvel hôte. Il eut avec lui un long entretien, et fut tellement charmé de l'érudition et de l'esprit dont il fit preuve, qu'il courut en le quittant, sous le berceau de bilimbi, composer une pièce de vers contre l'injuste oppresseur de Tit-Se-Lo. Ce dernier goûta fort la satire du lettré, la mit beaucoup au-dessus de celle qui lui avait valu tant de persécutions, et demanda permission d'en prendre une copie, permission qui lui fut accordée aussitôt.

Iu-Sa montrait à Tit-Se-Lo pour le moins autant de tendresse que lui en témoignait Lang-Mao-Li ; aussi ce dernier s'extasiait-il toute la journée sur la bonté du cœur de sa femme, et bénissait-il le grand Fo de lui avoir donné une épouse aussi sensible.

Son vieux serviteur Fan-Po n'était pas tout à fait du même avis. Un jour entre autres, il s'avisa d'insinuer à son maître que l'amitié d'Iu-Sa et de Tit-Se-Lo n'était pas tout à fait aussi innocente qu'il voulait bien le croire : Lang-Mao-Li chassa sur-le-champ l'infâme qui osait calomnier le modèle des amis et le beau idéal des femmes.

Le sage lettré In-Miopo a comparé la calomnie à la mite qui s'attache aux vêtements : c'est un insecte imperceptible et sans force, mais il laisse toujours des traces ineffaçables et finit souvent par ronger l'étoffe tout entière. Ce fut exactement ce qui arriva à Lang-Mao-Li : il méprisait les rapports absurdes de Fan-Po, et, malgré lui, il surveillait plus attentivement la conduite de son ami et de sa femme. Il avait beau se réfugier sous le berceau de bilimbi : le calme et la poésie avaient quitté ce réduit délicieux, pour céder la place à l'inquiétude et à la jalousie ;

en vain frottait-il son bâton d'encre sur ses tablettes d'ivoire : il ne traçait pas un seul mot ; et la solitude, bien loin d'adoucir ses chagrins, les aigrissait encore davantage. Pour s'arracher à un tel état d'agitation et à des soupçons ridicules dont il rougissait, il prit le parti de faire des excursions dans les montagnes, et sortit un matin en annonçant qu'il ne reviendrait que le soir. Il était à peine parti d'une demi-heure, que sa litière se brisa et qu'il lui fallut revenir chez lui. Moitié riant, moitié pestant de sa mésaventure, il alla trouver Iu-Sa dans son appartement pour lui en faire le récit...

La fidèle Iu-Sa était endormie dans les bras du vertueux Tit-Se-Lo.

Lang-Mao-Li pousse un cri de rage, s'élance sur les perfides, et tombe terrassé par un coup violent que le robuste Tit-Se-Lo lui assène sur la tête.... Quand il revint à lui, plus d'une heure après, Iu-Sa et son séducteur avaient disparu.

Altéré de vengeance, le lettré se mit en route pour aller dénoncer les coupables au mandarin, et attirer sur eux toute la rigueur de ce magistrat.

L'atroce supplice dont on punit l'adultère lui paraît trop doux : ce n'est pas assez de voir Tit-Se-Lo et sa complice, nus, le visage barbouillé de chaux, les oreilles percées de flèches, traînés de rues en rues, le dos chargé d'un ignominieux tambour : il voudrait les faire expirer lui-même sous les coups du pan-tsé[7], et se rassasier du spectacle de leurs tourments et de leurs larmes.

Qu'il lui paraît long le trajet de sa demeure au palais du mandarin ! Enfin les tours de porcelaine sur lesquelles brille le dragon écarlate lui apparaissent au loin : cette vue ranime son courage : il fait encore quelques pas ; mais hors d'haleine, épuisé par le sang qui coule de sa

---

[7] Le *pan-tsé,* ou la bastonnade, se donne ordinairement pour des fautes légères, et le nombre des coups répond à la nature de l'offense. C'est le châtiment commun des sentinelles qu'on trouve endormies pendant la nuit dans les rues et dans les places publiques. Si le nombre des coups ne passe pas vingt, ils sont regardés comme une correction paternelle qui n'imprime aucune tache. (J.F. de la Harpe ; *Abrégé de l'Histoire générale des voyages* ; Paris, 1820) (N.d.E).

blessure à la tête, il est bientôt obligé de suspendre un moment sa course.

Un banc s'offre à ses regards : il s'y assied, le front appuyé sur les deux mains... Tout à coup il est saisi et bâillonné par des hommes armés auxquels Tit-Se-Lo donne des ordres, et qui le traînent devant le mandarin, sans lui faire connaître les motifs d'un pareil traitement.

Quelle est la surprise de Lang-Mao-Li, quelle est sa terreur quand il voit ce magistrat redoutable, les yeux étincelants de colère, montrer du doigt la satire composée contre lui le jour où Tit-Se-Lo vint se réfugier chez le lettré ! C'est en vain que l'infortuné veut parler : on se garde bien d'ôter son bâillon, et le mandarin jette à terre un faisceau de cinquante petits bâtons. À ce signal de vengeance, deux officiers saisissent Lang-Mao-Li, l'étendent tout de son long, le dépouillent de ses vêtements, et lui appliquent autant de coups de pan-tsé que le mandarin avait jeté de petits bâtons.

Le supplice de Lang-Mao-Li ne devait point se borner là : le mandarin déclara tous ses biens confisqués, et le condamna de plus à la cangue pendant un mois.

Cet arrêt reçut son exécution sur-le-champ : on enchâssa la tête du malheureux lettré entre deux énormes pièces de bois qui ne lui permettaient ni de voir ses pieds ni de porter la main à la bouche ; on apposa un sceau sur les jointures de ces pièces de bois, et on le chassa ignominieusement.

Meurtri de coups et chancelant sous le poids de la cangue, Lang-Mao-Li se dirigea vers la demeure de son beau-père. Là, du moins, il recevra des consolations ; là, du moins, il ne trouvera pas un ingrat ! Douce récompense d'une bonne action ! pensait-il : j'ai secouru Namb-Ki dans son infortune ; et, si je ne l'avais point fait, les trente mille sequins que je lui ai prêtés auraient été confisqués avec toute ma fortune, et il ne me resterait pas, ce qui vaut bien mieux encore, un ami pour pleurer avec moi.

Hélas ! La réception qu'on lui fit fut bien différente de celle qu'il attendait !

Dès que Namb-Ki l'aperçut, il ordonna à ses esclaves de chasser, de jeter hors de chez lui un scélérat qui couvrait sa vieillesse de déshonneur ; et puis, se tournant vers la populace qui entourait le lettré et l'accablait d'insultes : « Suis-je assez malheureux! s'écria-t-il : je lui ai donné ma fille en mariage, j'ai partagé avec lui ma fortune : vous voyez comment il me prouve sa reconnaissance ! » Et il se mit à verser des larmes avec tant d'amertume, et dont la populace fut tellement apitoyée, qu'elle invectiva de plus belle Lang-Mao-Li, et alla même jusqu'à le couvrir de boue. L'infortuné ne put résister à ces nouveaux tourments : il tomba évanoui.

Lorsqu'il revint à lui, il se trouva dans un endroit écarté, près d'un vieillard qui lui donnait des secours : c'était son vieux domestique Fan-Po.

Lang-Mao-Li voulut lui témoigner sa reconnaissance, mais ses sanglots l'en empêchèrent, et il ne put que lui tendre la main.

« Allons, allons, mon ancien maître, dit le vieillard d'un ton un peu doctoral, supportez votre malheur avec plus de courage. Il est dur, j'en conviens, de songer que l'on a introduit soi-même près de sa femme un mauvais sujet comme le fils du mandarin, et surtout qu'on s'est avisé de lui donner une pièce de vers que l'on a faite contre son père ; mais, après tout, il faut avouer que sa ruse était ourdie avec bien de l'adresse, et il fallait toute ma pénétration pour la soupçonner.

» Prenez courage, vous dis-je ; un mois est bientôt passé, et la bastonnade que l'on donne en débarrassant de la cangue n'excède jamais vingt coups. Vous viendrez alors avec moi habiter une cabane que j'ai dans les montagnes, et, en travaillant à récolter le vernis du tsi-chu, vous pourrez gagner de quoi vivre. C'est un métier un peu dangereux, mais qui rapporte au moins dix sequins par an... Si vous redevenez riche, ne risquez plus votre vie pour une femme, ne vous exposez plus à la colère d'un mandarin pour le galant de votre femme, et ne confiez plus trente mille sequins à votre beau-père. Surtout ne récompensez plus les sages avis d'un fidèle serviteur en le chassant ignominieusement.

— Tu as raison ! s'écria Lang-Mao-Li : je ne crois plus ni à l'amitié ni à la reconnaissance !... Mais penses-tu qu'Iu-Sa, lorsqu'elle saura combien je suis malheureux, lorsqu'elle reconnaîtra toute l'étendue de sa faute, ne viendra pas en implorer le pardon et m'aider à supporter le poids de mes malheurs ?... Ah ! Je connais trop son tendre attachement pour moi ! Et, sans les infâmes séductions de Tit-Se-Lo, de ce monstre qui m'a ravi son amour, pauvre Iu-Sa, jamais....

— Allons, il fait nuit : gagnons ma demeure, » interrompit Fan-Po, en haussant les épaules et en souriant de pitié.

Lang-Mao-Li se leva ; le vieillard l'aida à porter sa cangue, et tous deux s'éloignèrent à pas lents.

LE FOU

Nouvelle Ferraraise

1586

> Je ne puis m'empêcher de sourire de pitié en voyant les hommes s'enorgueillir des talens, du génie, de la raison que le hasard leur a départis ; car tout cela diffère si peu de la dégradation humaine appelée folie, que chaque jour, à tout moment, on les prend l'un pour l'autre.
>
> (Paolo Frienzi, *Il Pergamo*)

Deux étrangers de distinction, arrivés depuis peu de jours à Ferrare, visitaient l'hôpital ou plutôt la prison de *Sainte-Anne*, dans laquelle sont renfermés les malheureux privés de la raison. La tête du plus âgé des voyageurs était entièrement chauve, et sa physionomie présentait un mélange de naïveté et de malice, de bonhomie et de noblesse. Toutes les fois qu'il interrogeait le guide grossier que leur avait donné le P. Antonio Mosti, prieur de l'hôpital, il attachait un regard perçant et plein de feu sur les traits rudes et impassibles de ce hideux geôlier, et semblait vouloir y lire ses réponses avant qu'il les eût prononcées d'une voix rauque et sinistre.

Le seigneur qui l'accompagnait paraissait plus jeune de quelques années. Ses cheveux parfumés s'échappaient d'une toque étincelante de pierreries ; un court mantel de velours écarlate, et richement brodé, enveloppait ses épaules d'une élégante draperie, et laissait néanmoins entrevoir, sur un pourpoint garni d'hermine, les anneaux larges et brillants d'une magnifique chaîne d'or ; sa main, couverte d'un gantelet de soie, s'appuyait sur le pommeau d'une épée suspendue à une écharpe de satin, et le bruit de ses éperons d'argent troublait seul le silence des longs corridors qu'il parcourait.

« Étienne de La Boétie[8], lui dit en français son compagnon, ce geôlier me paraît aussi stupide qu'effrayant ; et à coup sûr, il ne saura nous donner aucun renseignement sur tout ce que nous voyons ici : j'en ai du regret, car ma curiosité est vivement excitée par l'étrangeté de ces lieux. »

À ces mots, un jeune Italien, qui se promenait dans la galerie, s'avança vers eux, et, s'exprimant en français avec facilité, leur offrit de les guider dans leur visite de l'hospice. « Je vous ferai connaître, ajouta-t-il, le genre particulier de folie des malheureux qui gémissent ici, et auxquels on peut appliquer ce vers de Virgile :

Abstulit atra dies, et funere mersit acerbo.[9]

— Cette offre est faite de trop bonne grâce pour que le seigneur de Montaigne et moi nous ne nous empressions de l'accepter, » répliqua La Boétie.

« Oui, murmura le geôlier avec un odieux sourire ; que Strozzi les conduise : je serai dispensé de répondre à leurs insupportables questions. Lui, il leur parlera tant qu'ils le voudront. » Et puis il se retira lentement à l'extrémité de la galerie, où, debout et les bras croisés, il s'adossa contre le mur. On apercevait à peine dans l'ombre ses larges épaules et sa taille courte et ramassée : parfois seulement, un trousseau de clefs qu'il tenait à la main faisait entendre un léger cliquetis.

Strozzi fit parcourir à Montaigne et à son ami une longue allée formée par d'étroits cachots, devant lesquels il s'arrêtait pour expliquer, avec beaucoup de sagacité, le genre de folie des infortunés que l'on avait renfermés. Ses

---

[8] Étienne de La Boétie est bien plus célèbre par l'amitié qui l'unissait à Montaigne que par *vingt et neuf sonnets* qui ne se trouvent que dans la première édition des *Essais* de Montaigne, imprimée à Bordeaux en 1580, dans celle de Jean Richer, in-12, en 1587, à Paris, et dans celle d'Abel l'Angelier, in-4°, en 1588.

[9] « Un jour cruel les a enlevés, et ils ont disparu dans une mort douloureuse. » [Eneide, livre VI].

réflexions, pleines de justesse, et la forme agréable sous laquelle il les présentait, charmèrent les deux étrangers ; et ils l'interrompirent à diverses reprises, pour lui exprimer combien ils s'estimaient heureux d'avoir rencontré un guide qui joignît tant d'amabilité et d'instruction à la connaissance de ce triste séjour.

Plus d'une fois Montaigne et La Boétie essuyèrent des larmes. « Il faut l'avouer, dit le premier, j'ai une merveilleuse lâcheté vers la miséricorde et la mansuétude : je ressens les maux des autres presqu'aussi vivement que le malade, et il n'est point d'angoisses que j'aie vues dont je ne puisse dire, comme Æneas, *quorum pars magna fui*.[10] Les Stoïciens me regarderaient en compassion, moi qui me pique de rechercher la sagesse, s'ils voyaient combien le spectacle que nous avons sous les yeux m'émeut et m'attendrit ; car ils considèrent la pitié comme une passion vicieuse, *quasi inutile vitium*[11] ; ils veulent qu'on secoure les infortunés, mais non pas qu'on fléchisse et compatisse avec eux.

Ils ont beau, néanmoins, dire que laisser aller son cœur à la commisération est l'effet d'une mollesse et débonnaireté d'âme, et citer à l'appui de ce système l'exemple des enfants et du vulgaire qui s'attendrissent plus facilement que le cœur vigoureux, mâle et imployable de l'homme mûr : qu'ils viennent ici, et je verrai comment ils supporteront ces gémissements, ces regards égarés, ces discours douloureux et incohérents. »

— Pour moi, ajouta La Boétie, je suis bien loin de me vanter de stoïcisme ; et je rougirais plutôt de rester spectateur indifférent des souffrances rassemblées en ces lieux, que de m'attendrir à leur aspect. »

Le poète et Montaigne allaient continuer sans doute à se livrer à leur goût pour la dissertation, lorsqu'ils furent interrompus tout à coup par le bruit d'un cachot dont la porte tournait en criant sur ses gonds énormes. Un homme, couvert de haillons et courbé par la misère plutôt

---

[10] « J'ai supporté en grande partie ces tourments. »
[11] « Comme une faiblesse superflue. »

que par l'âge, en sortit avec précaution et jeta autour de lui des regards inquiets. Sa barbe, ses cheveux étaient en désordre, et ses traits pâles et flétris offraient néanmoins je ne sais quoi de noble et d'imposant.

Il s'avança mystérieusement vers les étrangers, et, tirant une lettre de son sein : « Si vous êtes chrétiens, leur dit-il d'une voix basse et solennelle, faites parvenir cet écrit à la princesse Léonore d'Est. »

La Boétie échangea un sourire avec Montaigne et Strozzi, tandis que le premier prenait le papier pour ne pas heurter la folie de l'infortuné qui lui parlait.

« Je vous parais un insensé, continua celui-ci, et vous me confondez avec les êtres avilis parmi lesquels on m'a jeté ! Hélas ! je ne sais pas moi-même comment j'ai pu conserver ma raison au milieu des infâmes tourments dont on m'accable. Plongé du sein d'une cour brillante dans un cachot infect ; arraché aux douces illusions de la gloire, de l'amitié et de l'amour, pour gémir sept ans seul, seul ou parmi des insensés et des persécuteurs, maudire le don fatal du génie et la gloire attachée à mon nom !... Ah ! Aui saurait supporter une telle existence ?... Au nom de la mère de Dieu ! s'écria-t-il en embrassant les genoux de Montaigne et en les baignant de larmes, mettez un terme à cet horrible supplice ! Que Léonore apprenne en quels lieux je gémis, et elle viendra me délivrer... Mais vous hésitez ; vous redoutez son frère... Ah, oui ! redoutez-le, car ses vengeances sont affreuses, implacables !... Eh bien ! dites à Conça, au prince de Mantoue, ou à l'ami de mon enfance, au fidèle cardinal Cinthio, qu'ici, sous un nom supposé... » Tout à coup retentit la voix formidable du geôlier, et l'écho répéta sa marche lourde et précipitée. L'infortuné tressaillit, se tut et courut avec effroi se réfugier dans son cachot, que l'impassible gardien referma sur lui, sans interrompre la *canzonetta* qu'il fredonnait à voix basse.

« La manie de ce fou, dit le jeune Italien aux voyageurs émus, est de se croire aimé d'une grande dame : tantôt il arrose de pleurs des lettres qu'il s'imagine avoir reçues d'elle ; tantôt on l'entend se rappeler avec désespoir des fêtes, des tournois, des triomphes ; quelquefois il chante des vers et les trace sur le mur de sa prison, quand par pitié on lui accorde un peu de lumière ; car sa folie n'a rien de furieux : c'est une profonde mélancolie, une tristesse sombre et continuelle. Ses vers sont toujours consacrés à l'objet imaginaire de sa tendresse ; et cette lettre qu'il vous a donnée est, j'en suis sûr, remplie d'expressions amoureuses... »

— Cela est vrai, dit Montaigne qui venait de la lire : il écrit à la princesse de Ferrare comme si l'auguste Léonore le payait du plus tendre retour : il lui parle des rendez-vous nocturnes qu'elle lui accordait, et ne doute pas qu'elle n'accoure elle-même le délivrer dès qu'elle saura qu'il est ici... Pauvre nature humaine ! ajouta-t-il en soupirant : de tout ce que je viens de voir ici, on tirerait quelque argument bien fort pour secourir ce mot hardi de Pline : *Homine nil miserius aut superbius.*[12] ».

Sur ces entrefaites, on entendit dans l'hôpital une rumeur vague et confuse : quelques instants après, le cardinal Cinthio, que la veille Montaigne avait vu à la cour, entra précipitamment, suivi du prieur Antonio Mosti. Ses traits exprimaient la plus vive émotion, et une rougeur brûlante couvrait son visage. Le P. Mosti prit des mains du geôlier son énorme trousseau de clefs, et ouvrit lui-même la porte épaisse qui venait de se refermer sur l'insensé dont s'entretenaient encore les voyageurs.

Cinthio se jeta, en pleurant, dans les bras de l'infortuné prisonnier, qui le regardait avec une joie douloureuse et stupide : « Ô, mon ami ! s'écria le cardinal lorsque ses sanglots lui permirent de parler, mon ami, est-ce ainsi que tu devais m'être rendu !... » Puis, se tournant vers les spectateurs de cette scène attendrissante : « Étrangers, dit-il avec un transport d'indignation, voyez comme le duc de Ferrare récompense le génie !... Redites à vos compatriotes, à l'univers entier, que Torquato Tasso a gémi pendant sept ans dans ces lieux infâmes, tandis

---

[12] « Rien de plus misérable, rien de plus orgueilleux que l'homme. » (Pline ; Hist. Nat. ; livre II, chap. VII)

que l'univers pleurait sa mort ! Viens, mon noble ami, ajouta-t-il, fuyons cette terre impie ; viens : Rome te réserve des palmes et des triomphes ! »

Après leur départ, Montaigne, un peu confus de sa méprise, garda quelques moments le silence. Puis enfin, prenant congé de Strozzi, il le remercia, d'un ton affectueux, de la complaisance avec laquelle il leur avait servi de guide.

« Eh, quoi ! demanda gravement celui-ci, vous me quittez sans m'adorer !... » Montaigne, à cette question, le regarda avec étonnement. « Mortel grossier ! continua le jeune Italien, mon sublime génie qui vous a plongé dans l'admiration, le don des langues que je possède, ne vous ont pas révélé ma divinité mystérieuse !... À genoux ! s'écria-t-il au même instant avec fureur et en saisissant Montaigne à la gorge ; à genoux, profane ! Adore-moi ou je t'étrangle !... »

La Boétie et le geôlier s'empressèrent de tirer Michel des mains de ce fou ; et, tandis qu'on l'entraînait dans un cachot : « Ami, dit Montaigne en rajustant sa simarre, assurément nous ne devons pas aujourd'hui dresser fièrement la tête en vanité de la justesse de notre entendement, puisque nous avons admiré l'esprit d'un fou, et pris pour un fou le plus grand génie de l'Italie. En vérité, Socrate avait bien raison de professer qu'il ne *savait qu'une seule chose, c'est qu'il ne savait rien* ; Pline d'écrire : *Solum certum nihil esse certi*,[13] et moi de redire après eux : *Que sais-je ?* »

MARIA OVENSON

HISTOIRE ECOSSAISE

1802

> C'est elle !... Oh ! oui... si je pouvais
> en douter encore !
> (SHAKESPEARE, *Richard III*)

Une femme, et un jeune enfant qu'elle tenait par la main, erraient à minuit dans cette immense rue d'Édimbourg qui s'étend depuis le château jusqu'à *Holy-Road*, et que l'on nomme Haute-Rue (*High-Street*). Autant que permettait d'en juger la pâle lueur des réverbères voilée d'ailleurs par la neige qui tombait en abondance, les pauvres vêtements diaprés de flocons que portaient les deux infortunées créatures indiquaient, par leur coupe particulière, des habitants de l'autre côté du Solway. L'enfant était une petite fille maigre et chétive, dont la rigueur du froid augmentait encore la pâleur valétudinaire ; elle pouvait avoir neuf ans. Les traits fortement dessinés et même un peu durs de sa mère annonçaient un caractère énergique ; mais ils n'exprimaient plus alors que cet abattement complet produit par les angoisses morales et les souffrances du corps ; abattement absolu, surtout chez les âmes fortes vaincues enfin après une longue lutte avec le désespoir.

Apercevant un banc de grès à la porte d'un hôtel de riche apparence, elle rejeta la neige qui couvrait la pierre glacée, et s'assit ; et puis, attirant avec effort sur ses genoux sa fille, qui pouvait à peine se soutenir, elle s'efforça de la réchauffer, en la serrant contre sa poitrine et en pressant de ses mains roidies les mains bleues et enflées de la pauvre petite. Quelques instants après, on aurait pu croire que celle-ci dormait, si de convulsifs efforts pour se blottir davantage contre sa mère n'avaient annoncé que la douleur seule fermait ses yeux brûlants et lourds.

Le fer rouge sous lequel crient et se dérobent les chairs frissonnantes, la scie qui secoue et ronge lentement l'os dépouillé de ses chairs par le scalpel, produisent une douleur physique trop vive pour laisser encore à l'âme des souffrances mentales : la douleur exaspérante qu'ils causent anéantit, pendant sa durée, jusqu'à la pensée elle-même ; mais un des symptômes bizarrement atroces du froid, c'est de causer une angoisse morale encore plus exécrable que le malaise glacé qui pénètre jusqu'aux os et les étreint si horriblement : oppressé par une stupeur douloureuse et inquiète, on est en proie à une sorte de cauchemar qui entrechoque dans l'imagination malade tout ce que le souvenir a de plus déchirant ; on éprouve à la fois tous les tourments du sommeil et de la veille.

Telle était la position de l'infortunée, qui, par un mouvement machinal, pressait son enfant contre sa poitrine : elle se remémorait involontairement ses infortunes, et le passé, comme un fantôme, apparaissait devant elle, hideux de toute l'horreur du présent.

Et qui jamais épuisa aussi complètement la coupe amère du désespoir ? Sa fille aînée, belle, vertueuse, séduite, enlevée, et qui osa proposer à sa mère le prix ignominieux de sa faute !... Elle eût pardonné, oh ! oui, à sa fille repentante ; mais elle rejeta avec horreur les dons et jusqu'aux nombreuses lettres de la courtisane... Le ciel ne lui a pourtant point tenu compte d'une vertu si austère : des malheurs imprévus détruisirent sa paisible et douce médiocrité. Son mari part dans l'espérance d'assembler quelques misérables débris de sa fortune : à peine arrivé à Édimbourg, il tombe malade. L'hiver, seule, à pied, son enfant dans les bras, elle entreprend un long et rigoureux voyage pour venir consoler son époux : elle atteint le but : depuis deux jours, son époux était mort !...

Et cependant la neige continuait à tomber, et s'amoncelait en voile blanc et glacé sur le groupe immobile formé par les deux infortunées. Les forces de la malheureuse mère l'abandonnent : ses bras roidis se refusent à soutenir sa fille expirante... Il faut mourir ou mendier !... Oh ! si elle était seule !... Mais elle jette les yeux sur son enfant ; et une main heurte à la porte du riche hôtel, et une voix plaintive implore les secours de ceux qui l'habitent.

Un domestique paraît ; mais c'est pour la repousser avec une insouciance grossière et dédaigneuse. Elle s'éloignait dans un morne et stupide désespoir, quand paraît une femme de chambre au minois imprudent et éveillé : « Bon Dieu ! George, que vous êtes dur ! dit-elle. Si ma maîtresse savait que vous traitez ainsi les pauvres, vous seriez mal dans ses bonnes grâces. Apprenez que miss Ovenson, ou plutôt mistress Clarence.... »

— Ovenson ! s'écria la mendiante avec horreur. Viens, fuyons, mon enfant !... » et elle disparut entraînant sa fille.

« C'est une folle, dit la femme de chambre. — Assurément, répondit le phlegmatique George. — Mais qu'est-elle devenue ? Elle n'a pu quitter encore High-Street, et je ne la vois plus... Ma foi ! Qu'elle devienne ce qu'elle voudra ! Je n'irai pas m'enrhumer pour une folle. » En achevant ces mots, la soubrette s'élança avec légèreté sur le tapis moelleux dont l'escalier était recouvert ; et John l'aperçut bientôt au haut de la galerie en spirale qui conduisait aux appartements de la célèbre actrice miss Ovenson.

Il est donc vrai qu'un amour véritable n'est point le privilège exclusif des âmes pures et vertueuses ! Il presse les palpitations du cœur de la courtisane, comme il soulève le sein de la vierge ingénue ; et il rend à ses transports, à son dévouement, à ses vertus même, l'être dégradé par lequel il fut le plus profané.

On ressent du moins quelque consolation à songer que bien souvent c'est un être vertueux qui inspire cet amour réel, capable des plus grands sacrifices, et dans lequel on reconnaît le moins de l'égoïsme dont toutes les actions des hommes sont empreintes ; cet amour, dis-je, qui fait retrouver à celui qu'il embrase quelque chose de l'innocence qu'il a perdue : l'homme le plus farouche, le plus dépravé, s'apprivoise au sourire virginal de la jeune fille qu'il aime, et, dompté par une caresse enfantine, il redevient près d'elle un moment doux et bon.

Telle était la belle Maria Ovenson. Entraînée dans les pièges de la séduction par un misérable qui ne la trompa que pour la jeter dans les bras du riche lord Paterson, elle devint la maîtresse du vieillard opulent. Braver l'opinion du vulgaire et étaler du scandale à ses regards plébéiens est sans doute un raffinement aux plaisirs des hommes puissants : l'amant suranné de Maria voulut qu'elle fût connue et admirée de toute l'Angleterre. Douée d'heureuses dispositions pour l'art théâtral, protégée par un lord puissant et riche, elle devint bientôt une actrice célèbre. Lord Paterson ne jouit pas longtemps de son ouvrage : il mourut un an après les débuts de Maria Ovenson, et par son testament frustra ses héritiers d'une immense fortune qu'il légua à sa maîtresse.

Favorisée des prestiges d'une grande réputation, jeune, belle et riche, Maria vit bientôt se rassembler autour d'elle un groupe nombreux de prétendants à sa main : plus d'un dandy se mit sur les rangs ; plus d'un baronnet lui offrit son titre ; un lord même proposa à l'interprète de Shakespeare d'échanger la couronne tragique contre celle d'un duc et pair. Elle préféra à tous ces honneurs l'existence brillante dont jouit une actrice célèbre, surtout à Londres, existence qui réunit à l'indépendance des hommes les hommages et les plaisirs qui entourent les femmes. Ces transports enthousiastes de tout un public qui subit le pouvoir du talent, ces cris adulateurs qui saluent la présence d'une actrice chérie, étaient devenus un besoin réel pour Maria. Peut-être aussi la satisfaction que recueillait sa vanité du refus d'offres aussi séduisantes contribua-t-elle quelque peu à la faire persévérer dans ses dédains.

Et cependant Londres apprit tout à coup avec étonnement que miss Ovenson renonçait au théâtre. On attribua à mille causes différentes cette retraite inattendue ; on en parla huit jours, et puis personne n'y songea plus.

Qui donc avait pu opérer un changement si brusque dans les résolutions de la belle actrice ? C'était un jeune auteur doux et timide, l'aimable Arthur Clarence. Il inspira à miss Ovenson une de ces passions ardentes qu'on nomme romanesques, et qui, en dépit des idées positives de notre siècle, sont moins rares peut-être qu'on serait tenté de le croire.

Elle aimait !... Dès lors elle s'estima heureuse de sacrifier aux craintes vagues d'un amant jaloux et idolâtre le bien le plus précieux qu'elle possédât, sa gloire et ses succès. Abandonnant sans regret le théâtre de Londres, depuis quelques semaines elle était venue se réfugier à Édimbourg, où elle vivait heureuse et ignorée près d'Arthur devenu son époux.

Le jour commençait à paraître à travers les épaisses draperies qui enveloppaient les croisées de Maria : à demi vêtue d'une robe de fourrures, ses beaux bras enlacés autour du cou de son amant, elle contemplait le sourire d'Arthur avec extase ; tour à tour folâtre et tendre, mutine et affectueuse, elle s'enfuyait subitement, pour revenir aussitôt l'étreindre de nouveau, et jouer ses doigts délicats dans les blonds anneaux de sa belle chevelure.

Puis, soulevant les draperies de la fenêtre, elle se mit à graver avec une bague, sur les vitres où la gelée avait brodé les fleurs élégantes de ses cristaux, le chiffre de son Arthur qui, doucement ému, la considérait en silence. Tandis qu'elle se livrait à ce soin avec une attention enfantine, elle aperçut par hasard, à travers les contours diaphanes du chiffre qu'elle venait de creuser sur la glace opaque, un groupe nombreux rassemblé devant un objet couvert de neige. Mue par une curiosité machinale, elle ouvrit la fenêtre, qui longtemps résista aux efforts débiles de ses mains mignonnes... Oh ! C'étaient deux cadavres roidis que l'on dressait contre un mur... Elle attache sur eux un regard inexprimable « Ma mère ! Ma mère !... » s'écrie-t-elle ; et Arthur la reçoit dans ses bras, immobile et glacée.

LA PRIMA DONNA

Jamais, oh ! non, jamais voix fraîche et pure de jeune fille, jamais harpe céleste d'archange ne soupira mélodie plus délicieuse et plus ravissante !... Elle finit ce chant sublime, et quelques instants encore il régna dans toute la vaste salle, parmi tous les groupes immobiles, un grand silence, un silence que ne troublaient pas le froissement d'une robe, pas le souffle d'une respiration. Et puis, tout à coup, ce furent des transports assourdissants, des clameurs d'enthousiasme et de regret, des yeux humides de pleurs, des mains qui jetaient des guirlandes et des couronnes. Trois fois elle s'inclina pour s'éloigner, et trois fois des cris unanimes, des cris d'amour la rappelèrent.

Mais enfin le rideau du théâtre, en séparant le public et la cantatrice, termina ces longs adieux. Alors accourut un jeune homme : il l'entoura tendrement de ses bras qui tremblaient ; il posa ses lèvres sur les épaules blanches et demie nues de la charmante fille : « A présent, rien, oh ! rien ne peut nous désunir, murmura-t-il d'une voix émue. Tu m'appartiens, à moi, oui, à moi seul ! Il n'y a plus de Béatrice : c'est lady Clarendon que l'on te nomme ! C'est mon épouse, mon épouse bien aimée. »

Il fallut à la jeune fille toute sa tendresse, il fallut qu'elle aimât Édouard comme son âme ardente était capable d'aimer, pour que ses yeux ne répandissent pas de larmes amères, pour qu'elle renonçât à de tels triomphes, à une gloire si enivrante.

Maintenant la voilà propriétaire d'un vaste et riche domaine, d'un domaine sur les bords sauvages et pittoresques de la Clyde. Des domestiques nombreux attendent ses ordres ; des courriers se tiennent prêts à partir pour satisfaire à ses plus frivoles, à ses plus coûteux caprices. Ce sont des fêtes riches, brillantes et variées qui se renouvellent chaque jour ; ce sont des femmes jalouses de sa beauté, de ses richesses ; ce sont de jeunes lords qui sollicitent comme une faveur un regard de la belle comtesse.

Mais, par-dessus tout, c'est l'amour de son époux, l'amour d'Édouard, si noble, si tendre ! Chaque matin, appuyée sur son bras, elle gravit quelque haute roche afin de contempler le soleil qui se lève parmi des nuages de pourpre ; ou bien, après une longue promenade, après avoir consolé quelque souffreteux, après avoir rendu le bonheur par de riches aumônes à quelque famille indigente, elle descend au bord de la mer, et se repose sur le sable au bruit des vagues qui roulent avec un mugissement mélancolique. Durant ce voluptueux repos, Édouard lui dit ces paroles d'amour si douces, qui émeuvent si fortement l'âme quand on les écoute, les bras enlacés, près, tout près d'un être chéri et dans une immense solitude. Ils le possèdent enfin tous les deux, ce bonheur dont ils ont parlé tant de fois au milieu des villes ; et quand d'importuns devoirs les jetaient dans un monde indifférent et les isolaient l'un de l'autre ! À présent ils ne vivent que pour eux, pour eux seuls ; ensemble, toujours ensemble, leur existence est une longue extase d'amour et de félicité.

Bientôt et insensiblement une peine vague et mystérieuse, de confus regrets du passé, des élans douloureux vers un objet indéfinissable, rendirent rêveuse la comtesse de Clarendon et altérèrent la fraîcheur enfantine de son teint. Peu à peu sa rêverie devint une tristesse morne et sombre, et sa langueur dégénéra en mortel dépérissement.

Quand Édouard voyait sur les joues pâles de sa bien-aimée deux taches d'une rougeur sinistre ; quand, à force d'amour, il ne pouvait obtenir d'elle qu'un sourire languissant, alors il se mettait à genoux devant elle : il prenait ses mains amaigries ; il suppliait Béatrice d'épancher dans le sein d'un époux la cause de ses douleurs secrètes. « Oh ! lui disait-il, redeviens, redeviens encore cette jeune fille insouciante et folâtre dont la gaîté d'enfant et les saillies joyeuses auraient guéri la plus incurable peine de l'âme ; redeviens la Béatrice d'autrefois. Ne crains point d'exiger des sacrifices immenses pour m'accorder ce bienfait : eh ! Que m'importe toute ma fortune lorsque je te vois souffrir, souffrir sans pouvoir apporter remède à ton mal ?

— Je suis heureuse, répondait-elle d'une voix mourante, heureuse autant que je puis l'être. Hélas, mon Édouard, je ne saurais dire la cause de la langueur qui me consume. Tout ce qui m'entoure atteste combien tu m'aimes, et pourrais-je être heureuse d'autre chose que de ton amour ? »

Et l'infortunée détournait la tête pour cacher les larmes dont ses yeux se remplissaient, et elle gardait le silence, car de sa bouche auraient éclaté des sanglots.

Édouard faisait chercher à grands frais les médecins les plus célèbres : « Guérissez-la, disait-il, guérissez-la, et je vous donne de l'or, de l'or tant que vous en de mande- rez ; mais guérissez-la, oh ! guérissez-la ! »

Les gens de l'art promettaient que bientôt Béatrice renaîtrait à l'existence ; mais, après avoir tenté de vains et chanceux remèdes, il leur fallait avouer à voix basse qu'elle était perdue sans espoir, et ils s'éloignaient tristement.

Si vous n'avez jamais été chéri d'une femme tendre et adorée, si vous ne l'avez pas vue dépérir lentement sous vos yeux, il ne peut vous être donné de comprendre les douleurs de Clarendon. Il calculait avec désespoir les progrès de la terrible maladie ; il se disait en des angoisses inexprimables : « Encore un mois, je serai seul sur la terre ! » Et il préparait avec un froid désespoir le dénouement de ce court avenir : elle ce jour-là, et lui le lendemain.

On vint à lui parler, par je ne sais quel hasard, d'un médecin jadis en renom, vieillard enthousiaste et d'une originalité peu commune : sans la moindre espérance, Édouard le fit mander près de Béatrice. Un homme qui se noie ne s'attacherait-il pas volontiers à la feuille légère qu'il voit nager sur l'onde ?

Le docteur Griffiths ne se détermina pas facilement à venir chez lord Clarendon. Quand il eut vu la pauvre malade, il s'établit sans façon au château, et dès lors ne quitta plus Béatrice d'un seul moment : la nuit, il épiait les mots entrecoupés qu'elle proférait en songe ; le jour, il s'efforçait en mille façons différentes de faire jaillir de l'âme de la malade, par un choc inattendu, quelque indice sur la cause de son mal. L'expérience, l'adresse et le savoir du docteur restaient infructueux.

Un matin il se précipita, demi-nu, dans la chambre d'Édouard, en s'écriant : « Je l'ai sauvée ! Je l'ai sauvée ! »

Édouard lui sauta au cou et l'étouffa presque dans ses embrassements. Je le crois bien ! C'était la seule lueur d'espérance qui l'eût consolé depuis deux longues années de transes et de désespoir. »

« C'est assez longtemps rester en chemise et nous conduire en vrais fous, s'écria enfin le docteur, un peu confus de son accoutrement burlesque. Vite ! une berline, des chevaux, et en route pour Londres ! Mais ne me contrariez pas dans mes projets, ou bien c'en est fait d'elle ! »

Quinze jours après, le théâtre de Drury-Lane était rempli dès le matin d'une foule innombrable : on devait y entendre la célèbre *prima donna* Béatrice.

Elle parut enfin sur le théâtre, pâle et chétive : des cris, des transports de joie la saluèrent aussitôt. Quand le silence fut rétabli, elle se mit à chanter ; mais des larmes remplirent ses yeux, des sanglots se mêlèrent à sa voix : elle tomba sans connaissance, et le petit docteur Griffiths s'élança de la coulisse sur le théâtre en s'écriant : « Elle est sauvée ! je l'ai sauvée ! »

Béatrice, en effet, depuis ce moment, retrouva quelque chose de sa gaîté d'autrefois ; le mal qui la consumait disparut, et, six mois après, une douce pâleur était la seule trace qu'il en restât.

Le vieux docteur avait deviné le mal de Béatrice : il avait compris que la gloire est un mal sublime que ne peuvent guérir ni les richesses, ni les plaisirs, ni même l'amour.

LE NEZ

ANECDOTE FRANÇAISE

1830

> Le ridicule déshonore plus que le déshonneur.
>
> (LA ROCHEFOUCAULD, *Maximes*)

Vous est-il arrivé quelquefois de vous trouver dans une molle et bonne chaise de poste, oui, dans une chaise de poste tirée par quatre vigoureux chevaux, et conduite par un postillon largement rétribué ? Était-ce à la fin d'une chaude journée de septembre ? Était-ce sur une route qui s'allongeait parmi une double ceinture de grands arbres ? Voyait-on à droite et à gauche, loin, bien loin, parmi la lueur fantastique d'un clair de lune pur et ravissant, vaciller, fuir, renaître, s'évanouir, des bois, des maisons, des rochers, des collines ?

Alors, il doit vous souvenir de sensations à la fois douces et impétueuses, de vagues pensées, de désirs confus et sans objet réel, du besoin d'une rapidité plus grande encore que celle dont l'impulsion entraîne. Et puis ce sont des rêveries mélancoliques, des souvenirs riants, des projets impossibles ; et puis on s'agite, on se lève comme pour hâter la voiture, et cependant, lorsqu'elle s'arrête, on s'attriste d'avoir perdu le lourd bruissement des roues, le cliquetis des glaces, et jusqu'à ce mouvement rude et continu, jusqu'à ces secousses qui pénètrent tous les membres de je ne sais quelle torpeur, de je ne sais quelle bizarre volupté.

Oui, j'aurais donné bien des choses pour qu'en s'arrêtant, ma voiture n'eût pas interrompu de pareilles sensations ; oui, j'aurais voulu les sentir durer longtemps encore. Mais nous avions atteint un relais, et, tandis que nous changions les chevaux, force me fut de me relever du coussin où je me tenais à demi couché, et d'ouvrir la glace de ma portière pour respirer un air frais et sec, plus salutaire peut-être, mais certes beaucoup moins doux que la molle tiédeur close en la voiture.

Nous nous trouvions devant une auberge d'assez mince apparence. Près de la porte, se tenait un homme qu'entourait un groupe nombreux de paysans et de petits polissons : tous riaient, tous huaient, tous lançaient sur l'inconnu des projectiles qui, pour ne pas être dangereux, n'en devenaient pas moins fort désagréables. Las d'être l'objet de pareilles insultes, le malheureux homme se fit jour à travers les ennemis, et alla s'asseoir non loin de là, sur un banc de pierre. Des deux mains il se couvrit la figure, et resta dans l'attitude d'un homme au désespoir.

Les paysans, plus acharnés que jamais, le saisirent et recommencèrent leurs cris. Je ne pus me contenir davantage : sautant en bas de la voiture, je marchai droit à l'inconnu, et l'aspect d'un monsieur qui descendait de chaise de poste commença par imposer silence à toute cette multitude. Je leur fis signe de s'éloigner, et il fut obéi à ce geste merveilleusement secondé par le gros fouet du postillon.

« Monsieur, dis-je en m'approchant, et lorsque j'eus salué l'inconnu avec d'autant plus d'égards que sa mise était décente et semblait annoncer un homme comme il faut ; monsieur, n'est-il pas indiscret de vous demander le motif des insultes dont on vous accable ? Ne saurais-je vous aider à y mettre fin ? »

Il répliqua sans relever la tête : « L'habitude devrait depuis longtemps m'avoir fait résigner à de pareilles choses. Le sujet des moqueries de ces gens, le motif qui tantôt m'a forcé de quitter la diligence, de m'arrêter en chemin, quand mes affaires auraient exigé la plus grande célérité dans mon voyage ; en un mot, la cause des malheurs de toute ma vie, regardez-moi, monsieur, vous ne la connaîtrez que trop. »

À ces paroles il écarta les mains, et la foule reprit unanimement ses huées et ses brocards.

Pour moi, je restai immobile de stupéfaction : jamais, sur aucune face humaine, il ne s'allongea un nez semblable au nez de l'inconnu. Jugez-en : il lui couvrait quasi les joues, ne laissait voir que les deux coins de sa bouche, et descendait, je parle en conscience, aussi bas que son menton.

Revenu de mon étonnement, et maître d'une folle envie de rire qui me suffoquait, j'offris à l'étranger, si Paris était le but de son voyage comme du mien, de prendre une place dans ma voiture.

J'avais à peine prononcé le dernier mot de ma phrase, qu'il était sauté sur un porte-manteau gisant à ses pieds, et qu'il se tenait debout, chapeau bas, près de la portière. C'était une chose étrange que de le voir aux prises avec la politesse qui lui défendait de monter avant moi, et le désir de se soustraire aux persécutions qu'il essuyait, désir qui l'aiguillonnait terriblement pour s'élancer tout de suite dans la voiture.

Nous prîmes place, et la voiture partit au galop. Il se fit entre mon compagnon de route et moi un silence de sept à huit minutes. L'homme au nez monstrueux l'interrompit le premier.

« Monsieur, dit-il, je ne sais comment vous exprimer ma reconnaissance ! Je me trouve d'autant plus sensible à l'intérêt que vous m'avez témoigné, que d'ordinaire les sentiments que j'inspire sont bien différents. La nature m'a fait ridicule, ajouta-t-il en détournant, la tête comme pour me cacher son nez énorme, et, quelque à plaindre que je sois, je n'excite que le sarcasme. Comment s'apitoierait-on sur un malheur qui se présente sous des formes grotesques, que produisent des causes risibles ?

» Je ne vous parlerai pas des persécutions que j'eus à endurer depuis le moment où je commençai à concevoir quelques idées, jusqu'à ma sortie du collège dans lequel m'avait mis en pension mon père, négociant de Bordeaux : quelles qu'y fussent les conséquences de ma difformité, cette époque n'en a pas moins été la plus supportable de ma vie. Il m'était permis alors de punir ceux qui m'insultaient ; je ne me trouvais pas toujours l'opprimé, comme dans votre société polie et civilisée : mes deux vigoureux poings rétablissaient l'équilibre, et j'oubliais ma laideur en rossant les petits railleurs... Hélas ! J'appris bientôt, dès mon entrée dans le monde, qu'il ne me restait même plus cette compensation, et qu'il fallait me courber sous une résignation humiliante.

» Voici en quelle occurrence : je me promenais un soir dans la campagne, lorsque je fis rencontre de trois jeunes officiers dont, à ma vue, les bruyants éclats de gaîté me rendirent le visage pourpre de colère. Cependant je continuai ma route, le cœur battant avec précipitation, les poings serrés de rage, et tremblant de soif de vengeance. L'un des étourdis voulut raffiner sur les autres : il courut après moi, et m'adressa je ne sais quelle grossière plaisanterie. Il reçut pour réponse un coup terrible au visage... Une demi-heure après, je m'étais battu eh duel et j'avais tué un homme !

» La famille du malheureux sous-lieutenant était riche et puissante : elle voulut venger la mort d'un fils unique, de l'héritier d'un grand nom : il me fallut fuir de mon pays et me réfugier à Rome. »

» Là, bien enveloppé dans mon manteau, une coiffure à larges bords rabattue sur le visage, je pouvais sortir impunément le soir, et même quelquefois me hasarder à le faire durant le jour. C'est ainsi que je visitai Rome, ses monuments et ses ruines. Paisible, ignoré, soustrait enfin au ridicule, j'éprouvais un bien-être, un calme dont jusqu'alors je n'avais jamais conçu la moindre idée. Ce fut sans doute à ce relâche de ma mauvaise fortune, que je dus de me laisser aller à une aventure romanesque, dont je vais vous faire le récit.

» J'avais remarqué, dans l'église de Saint-Pierre, où me conduisait souvent mon goût pour la musique, une jeune fille d'une rare beauté. Bientôt, et peu à peu, voir Lauretta (ainsi la nommait sa mère qui l'accompagnait toujours) devint pour moi une sorte de besoin véritable.

» Chaque soir, lorsqu'elle venait s'agenouiller à l'office, elle me trouvait près d'elle et la considérant avec des extases d'amour et de bonheur.

» Ces fréquentes et muettes entrevues me rendirent éperdument amoureux de la charmante créature. Je lui glissai un billet dans la main, tandis qu'elle sortait de l'église, au milieu de la foule, et le lendemain je reçus une réponse : elle n'était pas trop décourageante.

» Cela dura tout un mois.

» Insensiblement, les lettres de la jeune fille devinrent affectueuses, tendres, passionnées ; et puis elle m'accorda un rendez-vous.

» Oh ! Monsieur, vous ne sauriez vous figurer mon bonheur quand je fus salué par la voix émue de la jeune fille, quand je sentis sa main trembler dans la mienne, quand moi, jusqu'alors objet de sarcasmes et de dédain, je m'entendis nommer de noms tendres et suaves, quand une jeune fille ravissante me prodigua les plus touchantes preuves d'amour !

» Lauretta était pauvre ; je lui offris de l'épouser : elle y consentit avec des transports de tendresse et de joie. Je lui parlai de ma laideur ; elle me jura que rien ne saurait me rendre moins cher à son amour. Il fut donc résolu que, dès la matinée du lendemain, je viendrais la demander en mariage à sa mère. Comme je sortais, le plus heureux des hommes, de la chambre obscure où elle m'avait reçu, la lanterne d'un passant vint à reluire sur mon visage : Lauretta me vit, frissonna, et le lendemain, quand je me rendis chez sa mère, on m'apprit qu'elle et sa fille étaient parties pour la campagne, et qu'elles n'en reviendraient pas avant l'automne. Je compris toute l'étendue de mon infortune, et je résolus de quitter des lieux qui m'étaient devenus insupportables. »

Le récit du pauvre homme m'avait attendri jusqu'aux larmes ; car je comprenais tout ce qu'il y avait eu d'amer, pour l'infortuné, à perdre ainsi l'unique affection qu'il eût jamais inspirée. Mais je levai machinalement les yeux sur son étrange nez, et, par une bizarrerie de l'organisation humaine, un sourire involontaire entrouvrit mes lèvres ; et cette vue diminua de beaucoup ma commisération, si même elle ne la fit disparaître tout à fait.

Mon compagnon de voyage continua le récit de ses aventures, et son nez l'avait toujours rendu malheureux. Le temps ayant calmé le courroux de la famille puissante qui le persécutait, il avait pu rentrer en France et se livrer à des opérations de commerce ; mais jamais aucun négociant n'avait pu traiter de sang-froid avec lui, et le ridicule de sa figure avait constamment rejailli sur ses spéculations, qui ne manquaient pas pourtant de justesse, et qu'il combinait avec un talent peu ordinaire.

Bref, il perdit toute sa fortune ; et il se trouvait réduit à aller exercer l'emploi de commis chez un négociant, auquel l'avait recommandé un ami de sa famille.

Il avait pris la diligence pour se rendre à sa destination. Cinq commis voyageurs, qui remplissaient la voiture avec lui, usèrent, à son égard, de cette amabilité fine et délicate que l'on rencontre parfois chez ces messieurs, et l'accablèrent de plaisanteries tellement insupportables, de voies de fait si outrageantes, qu'il voulut s'en venger, et provoqua l'un d'eux ; mais les cinq jeunes gens lui répondirent par un redoublement de mauvais procédés, que le législateur en veste fourrée du petit royaume ambulant, que le conducteur se garda bien de réprimer, attendu que c'étaient de bons garçons, chantant à ravir des couplets grivois, et que leur victime avait un nez ridicule et ne disait jamais le mot pour rire.

Il fallut donc descendre. Cet expédient, on le sait, ne servit qu'à le livrer à de nouveaux persécuteurs.

Arrivé à Paris, mon compagnon de route me fit les plus grands remerciements, et me quitta en se couvrant le visage, du mieux possible, avec un large foulard.

Je l'ai rencontré, il y a quatre mois, dans la plus grande détresse et sans emploi. La femme du négociant chez lequel on l'avait placé était enceinte ; elle craignit, pour son enfant, les conséquences de la vue d'un nez informe comme celui du nouveau commis ; le pauvre garçon fut donc congédié sans retard.

LE CHÂTIMENT

AVENTURE FRANÇAISE

1815

> Ô femme ! femme ! femme ! créature faible et décevante !... Nul animal créé ne peut manquer à son instinct...
>
> (BEAUMARCHAIS, *Mariage de Figaro*, acte v.)
>
> Or, le bon sire, depuis deux années aux lieux saints, chevauchoit de vespres à matines et de matines à vespres, rompant lances, frappant et recevant durs horions de hache d'armes et d'épées, se disant sans cesse : « De la rançon de ce mécréant ma dame achètera un couvre-chef de rubis et blanc de perles ; du prix de ces belles et bonnes armures damasquinées en or elle octroiera largesses à ses valets, pages et dames d'atour. »
>
> Et il dépêchoit un écuyer tout aussitôt pour déposer aux pieds de sa belle tous ces trésors si cher payés par lui. Un beau jour, à la fin, il revint de Terre-Sainte, navré de coups de lances, piteux et besogneux.
>
> Or, c'étoit le jour des noces de sa dame avec un sire qui ne s'étoit point départi pour la Terre-Sainte.
>
> (*Fabliaux* de PIERRE MAHU)

Oh ! Qu'il est affreux d'être trompé par une femme, par une femme dont on se croyait chéri, par une femme à qui l'on a sacrifié son rang, sa fortune, et jusqu'au repos de sa conscience !

Les devoirs de son grade de major le tenaient éloigné d'elle : il a renoncé à ce grade gagné à force de blessures, obtenu à force d'attente ; pour l'entourer d'opulence, pour satisfaire à ses plus frivoles caprices, il a vendu son patrimoine et tout ce qu'il possédait au monde ; il s'est réduit à un état voisin de la misère ! S'il n'avait fait que cela !... Il a délaissé une épouse vertueuse et qui l'aimait de l'affection la plus tendre, il l'a délaissée ! Et ni le désespoir de l'infortunée, ni les plaintes d'une famille outragée, ni les remords, les remords insupportables de sa conscience... Misérable ! Misérable qu'il est ! Une pareille idée empourpre son visage, elle écrase son cœur !

Il a trahi une épouse pour une maîtresse ; sa maîtresse le trahit à présent : ce qui lui arrive est justice du ciel.

Il n'a pas le droit de se plaindre.

Non : mais était-ce Maria, Maria si tendrement aimée, si éperdument adorée, Maria, Maria qui devait le punir des fautes qu'il avait commises par amour pour elle ?

Malédiction !... Trompé ! Trompé de sang-froid, par calcul, pour un peu d'or ! Une poignée d'or préférée à lui, à lui qui l'aimait plus que sa fortune, plus que son honneur, plus que sa conscience !... Maria vendre ses baisers à un vieillard !... De telles idées, c'est la mort, c'est l'enfer !

Il lui faut une vengeance ! Il la faut terrible, inexorable !... Allons, qu'il la fasse pleurer ! Qu'elle torde ses bras avec désespoir, qu'elle se traîne à ses genoux dans ses angoisses inexprimables !... Qu'il puisse la calmer d'un mot, d'un geste, d'un regard, et qu'il ne dise pas ce mot, qu'il ne fasse point ce geste, qu'il ne jette point ce regard !

Vengeance ! Vengeance !

Il court... il arrive sous les fenêtres de cette maison dont l'aspect faisait, naguère encore, battre si délicieusement son cœur ; il pénètre dans ce corridor obscur, il parvient à cet escalier dérobé tant de fois parcouru par lui : le voilà devant cette porte qui ne devait s'ouvrir que pour lui !

Là, il s'arrête ; ses forces l'abandonnent, ses genoux se dérobent sous lui ; une sueur glacée découle de son front. Tout son bonheur d'autrefois, maintenant lourd souvenir, atroce et court, pèse sur sa poitrine et l'accable des plus horribles tourments que jamais un homme ait subis.

Il écoute... Elle n'est pas seule... elle parle... Oh ! que dit-elle ?

« Tu ne sais pas combien je t'aime, bien-aimé de mon âme ! Tu ne le sais point ! Sais-tu, dis-moi, que je t'aimerai toujours, toujours ? »

Les mêmes promesses qu'hier elle lui jurait, à lui ! Les mêmes inflexions de voix, la même émotion !... Oh ! Que cela finisse, que cela finisse ! Il a trop de souffrance à entendre cela !

Soudain la porte s'ouvre : il apparaît, pâle, sans pitié.

Maria s'évanouit ; son vieil amant demeure immobile de surprise et d'effroi.

« Demain, crie le major, demain vous serez libre de revenir entendre ses douces paroles, de recevoir ses étreintes.

» Mais cette nuit, cette dernière nuit sera pour moi, pour moi seul, pour moi qu'elle a trahi, pour moi à qui elle appartient encore ! »

Le vieillard voulut résister : une terrible main, que la rage faisait trembler, étreignit sa main débile ; le bout froid d'un pistolet vint se poser sur son front : il tressaillit et disparut.

Quand elle reprit connaissance, elle se trouva seule avec celui qu'elle avait outragé.

Debout et les bras croisés, il attendait son réveil dans un calme plus effrayant cent fois que les plus effrayants éclats de colère.

Il tira sa montre, la présenta à Maria, et lui dit : « Prenez. »

Elle détourna la tête et refusa.

« Prenez, répéta-t-il d'une voix basse et creuse ; prenez : c'est le seul bien qui me reste ; c'est le prix de la nuit que je vais passer avec vous. Prenez : c'est mon dernier présent ; prenez, je le veux ! »

Elle aurait voulu ne pas obéir, mais elle ne put se soustraire à l'influence de cette voix sombre : subjuguée, elle prit la montre.

Après cela il se mit dans un fauteuil, à quelques pas devant elle, et lui fit cette question :

« Quelle heure est-il ? »

Dans un trouble et une confusion d'idées inexprimables, elle leva sur lui des yeux qu'elle avait tenus baissés jusqu'alors, et répondit : « Il est onze heures.

— Dans une heure, répondit-il, vous me remettrez tous les diamants, tous les bijoux, tous les cachemires que vous tenez de moi : je les anéantirai. »

Par un mouvement brusque elle voulut s'élancer à sa sonnette : plus prompt qu'elle, le major la saisit par le bras, la força de se rasseoir, et lui montra l'arme que cachait son habit.

Elle retomba sur son fauteuil.

Minuit sonna, sans que ni lui ni elle eussent proféré un seul mot.

Quelques instants suffirent pour briser et fouler aux pieds les riches bijoux, pour mettre en pièces les tissus précieux. Quand il eut fini, il jeta par la fenêtre ce qui en restait.

Et puis il se rassit avec calme, et demanda une seconde fois :

« Quelle heure est-il ? »

Maria ne voulait pas répondre, mais il porta la main à son pistolet, et elle répondit d'une voix étouffée : « Minuit !

— Dans une heure, je briserai tous ces meubles, toutes ces glaces, tout ce qui se trouve dans cet appartement meublé par moi. »

La pendule sonna : elle fut la première brisée, puis ensuite tout le reste. Le fauteuil du major et celui de Maria furent les seuls épargnés.

Quand il eut terminé, il fit pour la troisième fois cette question :

« Quelle heure est-il ? »

Les cheveux épars, mourante de terreur et versant des larmes amères, elle se jeta aux genoux du major : elle le supplia de la prendre en pitié ; elle demanda pardon du passé, elle fit les plus touchantes promesses pour l'avenir.

« Quelle heure est-il ? »

Cette question foudroyante fut sa réponse.

— « Une heure.

— Dans une heure, je vous frapperai au visage du fouet que voici. »

Elle retomba sans connaissance. Le major lui jeta froidement de l'eau au visage, et la fit revenir à elle.

Quelles angoisses subit Maria durant cette longue heure d'attente et de désespoir, cette heure qui précédait un supplice douloureux, un supplice qui la stigmatisait pour toute sa vie !

Et pas d'espoir de le fléchir ! Ne point oser seulement l'essayer !

Deux heures sonnèrent.

Il la frappa au visage, et la jeta sanglante sur le parquet.

Ensuite il tira son pistolet et le déposa sur un débris de table. Ces apprêts furent suivis de la terrible question :

« Quelle heure est-il ? »

Mourir ! Mourir ! Telle fut l'idée dont l'horreur s'empara de Maria, et la fit relever tremblante et éperdue. « Oh ! La vie ! s'écria-t-elle ; la vie ! La vie ! Laissez-moi la vie !... Frappez-moi, foulez-moi aux pieds, mais conservez-moi la vie, laissez-moi vivre ! »

Il sourit avec amertume, la repoussa du pied, et demanda :

« Quelle heure est-il ? »

Cette fois, elle ne répondit point : elle ne songeait qu'à la mort.

Trois heures vinrent à sonner.

Le major arma son pistolet, entoura de l'un de ses bras la taille de Maria et lui montra l'arme.

Elle voulut demander grâce une dernière fois ; mais ses lèvres contractées n'articulèrent qu'un son confus.

Il jouit un moment de sa terreur, et puis il dit :

« Tu ne mourras point. »

Et puis, posant le pistolet dans sa propre bouche, il tira la détente et le coup partit.

Les domestiques accoururent au fracas de la détonation et enfoncèrent les portes.

Ils trouvèrent leur maîtresse enlacée des membres du major et couverte de sang et de débris palpitants encore.

Elle a eu assez de bonheur pour que le coup reçu par elle au visage n'ait point laissé de traces ; et, quelques jours après, changeant de quartier et de nom, elle ne tarda pas à retrouver un nouvel amant.

Maria est à présent la maîtresse d'un de nos plus riches banquiers. Je l'ai vu il y a peu de jours : elle était riante et folâtre.

L'ÉVENTAIL D'IVOIRE

HISTOIRE ESPAGNOLE

1816

> Je te méprise : partant je ne
> t'aime plus.
>
> (*Lettre d'amour*)

Comme on venait de terminer au théâtre *della Cruce* le premier acte d'*il Barbiere di Siviglia*, Léopold de Monterant, jeune Français arrivé à Madrid seulement de la veille, vint s'asseoir parmi les stalles qui forment le premier compartiment du parterre, compartiment désigné, s'il me souvient bien, par les Espagnols, sous le nom de *lunette principale*.

L'étranger porta autour de lui des regards curieux et pleins d'étonnement ; car la salle *della Cruce* était d'un aspect tout autre que celui des salles de spectacle françaises.

D'abord un éclairage mesquin et mal entendu ne laissait parvenir qu'une lumière fausse, une sorte de clair-obscur, dans les trois rangs de loges et les deux galeries, vaste et haut demi-cercle qui semble étreindre et étouffer un parterre étroit. Il fallait fixer longtemps ses regards sur le même point pour distinguer, au-dessus du parterre, l'alcade assis gravement dans une loge tendue d'étoffe cramoisie. Cet important personnage tenait immobiles deux petits yeux gris, ne proférait jamais une parole, jamais ne remuait son long corps sec, guindé, ridé et empesé, si ce n'est pour abaisser une face blême vers huit grands coquins d'alguazils. Ces dignes créatures se tenaient debout, aux pieds de l'alcade, le vaste chapeau sur la tête, et une baguette blanche à la main. Il y avait, dans la jaune figure de ces honnêtes agents de la force publique, un mélange répugnant de sottise, d'importance et de méchanceté. En un mot, figurez-vous des physionomies comme en a dépeint Beaumarchais, des physionomies à la Bazile et à la Brid'oison.

Les fonctions des alguazils consistent, au moindre signe de l'alcade, à se précipiter dans le parterre, où ils empoignent et de là vont jeter en prison les perturbateurs de la tranquillité du spectacle. Or, pour recevoir un si gracieux traitement, il ne faut qu'applaudir, ou bien lâcher un de ces coups de sifflet qui soulagent tant un pauvre spectateur, lorsqu'on écorche sans pitié devant lui un des beaux ouvrages de Mercandante, de Pasiëllo ou de Rossini.

Puis, à droite et à gauche, c'étaient des moines de toutes les couleurs ; c'étaient des hommes au maintien solennel et au visage basané ; c'étaient des femmes uniformément vêtues de noir, et le front, les cheveux, la poitrine et les bras couverts de l'inévitable *mantilla*. Léopold ne put s'empêcher de faire un rapprochement secret entre ce voile lourd et sans grâce et le linceul qui, sur les monuments égyptiens, enveloppe la tête des cariatides.

Toutes ces femmes agitaient leurs éventails, étincelants de paillettes, avec la rapidité, la prestesse, la grâce, et j'ai presque dit l'expression que seules savent leur donner les Espagnoles. Ce mouvement uniforme parmi toutes ces figures immobiles, et au milieu du grand et profond silence que l'on gardait dans la salle, ajoutait encore à la singularité du spectacle offert aux regards de Léopold.

Las bientôt de chercher à deviner sous les tristes plis de la *mantilla* une physionomie piquante, et grâce à la demi-obscurité de la salle, créée plutôt par son imagination que vue par ses yeux, Léopold se livra désormais au plaisir du spectacle, et concentra son attention sur le théâtre où *Lindor*, en habit de soldat, mystifiait le tuteur Bartholo. Déjà la patrouille était survenue ; déjà l'on chantait l'admirable final qui termine le second acte, lorsqu'un éventail, tombé par hasard d'une loge, frappa l'épaule du jeune Français et roula sur ses genoux. Il leva la tête : il aperçut une charmante figure sur laquelle cet accident léger avait sans doute appelé la rougeur, car une main blanche et vide d'éventail s'efforçait de la voiler. Vous le sentez, Léopold, comme tout homme bien élevé l'aurait fait en pareille occurrence, ramassa le joli petit meuble d'ivoire, et, le rideau une fois baissé, se hâta de le reporter à celle qui l'avait perdu.

Cet acte de politesse trouva sa récompense en lui-même, car l'éventail appartenait à une jeune señora aux yeux de créole et à la taille élégante.

Léopold, de retour dans la *lunette principale*, éleva plusieurs fois les yeux vers la loge où s'agitait l'éventail blanc ; mais soit hasard, soit affectation, il ne put jamais rencontrer abaissés vers lui les regards de la señora.

Il en est du bien-être moral comme du bien-être physique : on l'apprécie, non quand on le possède, mais seulement lorsqu'on le désire, ou bien, hélas ! lorsqu'on l'a perdu. Isolé au milieu d'un peuple qui parlait une autre langue que la sienne, jeté dans une ville étrangère, que n'aurait point donné Léopold, en sortant du spectacle, pour s'appuyer sur le bras d'un ami !... Que dis-je ? Seulement pour voir marcher auprès de lui une de ces personnes auxquelles unissent seules des relations froides et indifférentes ! Du moins, il en aurait connu les traits. Oh ! Qu'il se serait estimé heureux s'il avait entendu bruire à son oreille quelques mots de la langue suave de son pays ! Qu'il aurait éprouvé une émotion délicieuse si les édifices, les maisons que la lune éclairait alors de sa molle lueur, avaient ressemblé, rien que vaguement, aux édifices, aux maisons de son pays !

Mais il était seul, seul ! Il ne pouvait ni se blottir en de douces habitudes, ni se trouver parmi des êtres chéris, ni leur communiquer ses idées, ni s'égayer de leur joie. C'était un vide désolant ; c'était une solitude intolérable ! Si l'homme le plus inconnu, le moins digne d'être aimé, lui avait en ce moment témoigné le plus léger signe d'intérêt, il aurait couru vers lui ; il aurait affectueusement serré sa main dans la sienne : alors il se serait estimé heureux.... Mais il était seul, seul !

N'allez pas croire que de telles émotions appartiennent seulement à une imagination exaltée : Léopold était du nombre de ces hommes chez lesquels le contact du monde a produit une sécheresse insouciante, un égoïsme calculateur ; et Léopold pourtant ressentait les vagues symptômes du mal du pays. Cette tristesse indécise lui avait même fait retrouver une sorte de sensibilité : car la tristesse rend meilleur et plus tendre, et, s'il existe quelque part de la vertu, vous la trouverez parmi ceux dont le sourire est languissant et les yeux souvent humides de pleurs.

À défaut d'autre objet, la señora à l'éventail blanc s'empara donc de l'imagination de Léopold, et il reporta machinalement sur cette femme presque idéale, et qu'il n'avait fait qu'entrevoir, le vague besoin d'affection qu'il ne savait où fixer. Il y rêva toute la nuit : car on dort si mal dans un lit qui n'est pas le nôtre ! Il en fut préoccupé tout le jour : il s'imaginait voir à travers chaque jalousie les deux grands yeux noirs de la jolie doña ; et, lorsque l'*Angelus* vint à sonner, ce fut avec une sorte d'émotion et un désir, un besoin de revoir son inconnue, qu'il termina une toilette élégante et qu'il se dirigea vers le *Prado*.

Il règne à Madrid, entre une heure et trois heures, une solitude et un silence tellement grands, que, si le calife Shahraman[14] revenait au monde et se promenait dans la ville en ce moment-là, il pourrait se croire encore au royaume des Iles-Noires, royaume dont tous les habitants étaient métamorphosés en poissons rouges et relégués dans un lac. Pas de travaux, pas une voiture, pas un passant, pas une boutique ouverte ; tout dort, tout demeure enseveli dans une profonde siesta.

Mais, quand vient à sonner l'*Angelus*, l'aspect de Madrid change tout à coup : il sort de mille endroits divers, en essaims bruyants, des moines, des soldats, des ouvriers couverts de guenilles et enveloppés d'un large manteau pittoresquement drapé. Des carrosses fendent les flots de cette multitude, et l'immense carrefour *della*

---

[14] Personnage des Mille et une nuits. (N.d.E)

puerta del sol et la longue et large allée du *Prado* deviennent aussi peuplés que tout à l'heure encore ils restaient déserts.

La vue de la promenade principale de Madrid surprend et déconcerte les personnes qui ne connaissent l'Espagne que d'après les romans, et qui, toujours d'après les mêmes graves autorités, pensent voir dans chaque Espagnole une pauvre Desdemona gardée à vue par un terrible Othello. Les dames s'y promènent une à une, deux à deux, trois à trois, comme le hasard les rassemble, et rarement, bien rarement, il se trouve près d'elle un cavalier qui les accompagne. On dirait que la *mantilla* et l'éventail, qu'elles n'abandonnent jamais, leur servent tout à la fois de compagnie, de protection et de contenance.

Ainsi pensait Léopold, tandis qu'il plongeait un regard inquiet parmi les groupes de promeneurs, et jusques au fond des carrosses, antiques pour la plupart, dont était couverte l'allée du Prado réservée aux voitures... Tout à coup il presse sa marche : il l'a vue ! C'est elle ! La voilà ! Elle tient encore à la main son éventail blanc. Elle l'a reconnu, car elle a rougi lorsqu'il l'a salué... Cet homme qui lui donne le bras, qui vient de la nommer Juana, qui peut-il être ? Son mari ? Non : il paraît trop vieux pour cela... et puis cette ressemblance... Il n'y a pas à en douter, elle se promène avec son père.

Tout en faisant de telles réflexions, Léopold suivait la jeune Espagnole, et, presque au même instant qu'elle, se trouvait à la porte du logis où elle entra avec son père. Tandis qu'il cherchait à reconnaître la rue dans laquelle il se trouvait, deux hommes se précipitèrent à l'improviste sur lui et le frappèrent de leur poignard. « Bon ! dit l'un d'eux en le voyant tomber, cet écervelé de Français ne m'inquiétera pas durant mon absence. »

Il faut avoir passé de longues nuits au chevet d'un mourant, il faut avoir interrogé les battements de son cœur, en tremblant de le sentir immobile ; il faut avoir tressailli à chaque soupir qui s'exhalait de sa poitrine, pour comprendre l'intérêt qu'inspire l'objet de tant de soins et de tant de craintes. On dirait que nous lui avons redonné cette existence si difficilement conservée ; on dirait qu'elle est notre ouvrage. Oui, l'on éprouve pour le malade quelque chose de la tendresse d'une mère pour son fils. Après cela, quand on voit ses yeux, longtemps fixes et glacés, exprimer la reconnaissance ; lorsque ses lèvres pâles murmurent des mots confus, lorsque sa main amaigrie presse doucement la main qui lui présente un breuvage, alors on éprouve une joie triste et douce ; des larmes viennent s'arrêter au bord des paupières... Ah ! L'on est bien récompensé !

Et si l'on est une jeune fille de seize ans, une Espagnole, l'enfant unique d'un père idolâtre ; si le malade, beau jeune homme à la chevelure blonde, à la physionomie gracieuse, a été frappé d'un poignard peut-être par amour pour celle qui se tient maintenant près de sa couche, jugez, jugez alors quelles sensations inondent ! Quelles pensées agitent !

Telle était la situation de doña Juana. Elle avait entendu le cri de détresse de Léopold, elle avait reconnu l'assassin qui fuyait, et, triomphant, à force de prières et de larmes, de la défiante prudence de son père, elle l'avait forcé à recueillir chez lui le pauvre blessé ; elle n'avait point voulu qu'un autre veillât près de lui.

Mais enfin le voilà sorti du délire qui l'a si longtemps accablé, et durant lequel il a parlé plus d'une fois de l'éventail d'ivoire ; le voilà qui porte autour de lui un regard étonné... Il a vu Juana... Il a souri languissamment... Que la sainte Madone soit bénie ! Elle aura sa neuvaine, elle aura les neuf cierges qui lui ont été voués.

Un mois s'était écoulé, et Léopold, guéri de sa blessure, avait quitté la maison de sa bienfaitrice.

Un soir, le riche négociant Merendas, père de Juana, assis paisiblement devant son bureau, lisait les lettres que venait de lui apporter un commis : la première qu'il ouvrit, et dont il avait reconnu l'écriture, lui annonçait pour le lendemain l'arrivée de Luis Perez, le fiancé de Juana ; la seconde était d'un correspondant de Paris : il le priait de chercher à savoir ce qu'était devenu à Madrid Léopold de Monterant, jeune homme d'une famille honorable, quoique peu riche, parti pour Madrid afin d'y régler des affaires importantes, et qui n'avait point donné de nouvelles depuis le jour de son arrivée. On éprouvait sur son sort les plus vives inquiétudes. Si le señor Merendas parvenait à découvrir le jeune homme, on le lui recommandait de la manière la plus pressante.

Quand il termina la lecture de cette lettre, Merendas tourna la tête et vit sa fille debout derrière lui.

« Ah ! ah ! dit-il d'un air de contentement, bien te prend, ma Juana, de venir à cette heure : tu sauras de suite une bonne nouvelle : ton fiancé Perez arrive demain de Saragosse.

— Mon fiancé ne sera jamais mon époux ; » répondit solennellement la jeune fille.

Le bon Merendas la regarda, bouche béante, et d'un air étrange d'étonnement et de consternation.

« Tiens, regarde, continua-t-elle, regarde : voilà le poignard que l'on a retiré de la blessure de Léopold ! Le reconnais-tu ? Il appartient à Luis. Veux-tu que je sois la femme d'un assassin ? »

Cet argument n'était pas irrésistible pour Merendas : un coup de poignard donné par un rival ne semblait pas au vieil Espagnol un crime bien atroce. Il essaya de disculper Luis, et même de présenter son guet-apens comme une preuve d'amour extrême.

Mais Juana versa des larmes ; elle se jeta dans les bras de son père ; elle lui prodigua les noms les plus tendres ; elle usa de menaces ; elle se livra au plus affreux désespoir ; elle demanda pardon ; elle s'emporta avec plus de violence encore ; puis elle se jeta de nouveau dans les bras de son père, et y pleura avec amertume.

Lorsqu'elle sortit du cabinet de Merendas, il avait consenti à l'union de Juana avec Léopold.

Dans le premier transport de sa joie, elle courut au logis voisin de son amant, pour lui apprendre cette nouvelle heureuse, inespérée. Elle gravit rapidement l'escalier ; elle se trouva devant sa porte : alors la pudeur reprit son pouvoir un moment suspendu par l'allégresse :

les joues couvertes de rougeur, elle resta là debout et n'osant point ouvrir.

Son indécision s'accrut encore lorsqu'elle crut s'apercevoir que Léopold n'était point seul.

Elle prêta l'oreille pour s'en assurer.

Oui, il parlait à quelqu'un : « Henri, disait-il, que je suis joyeux de te revoir ! En vérité, je m'étonne de la faveur de mon étoile : il me manquait un ami pour recevoir mes confidences de bonheur, et te voilà ! Oui, je vais épouser la fille unique d'un riche négociant, qui ne compte que par tonnes de piastres. Juana doit, ce soir, lui avouer son amour ; et pas de doute qu'il ne l'approuve, lui qui jamais n'a rien su refuser aux caprices les plus fantasques de sa fille unique.

» J'ai promis à la jeune fille d'habiter l'Espagne : que le ciel me préserve de tenir ma parole ! Non ; sur mon âme ! je reverrai mon beau pays ! Je relèverai les ruines du vieux château de Monteront. Ma foi ! Vive les coups de poignard espagnols et les leçons de langue française données à sa garde-malade ! On les paie bien à Madrid : j'en reçois un bon prix !

— Est-elle jolie ? » demanda une voix.

— Elle a une dot de cent mille piastres, » répliqua Léopold.

Le surlendemain, on célébra le mariage de la señora Juana Merendas avec le senor Luis Perez.

On m'a conté que Luis devint veuf trois mois après ses noces.

LE MENDIANT

AVENTURE FRANÇAISE

1822

> — Mon bon seigneur, un morceau de
> pain, car j'ai bien faim !
> — Je n'ai rien & donner : que Dieu
> vous assiste !
> — Je le ferai dire vrai, car je mettrai le
> feu à la ferme.
>
> (VENBEERG BERTHAVEL, *Huit
> jours en Flandre*)

À présent, j'habite, dans le plus beau quartier de Paris, un commode et riche appartement... une bibliothèque chargée de volumes élégants, des tapis moelleux que le pied foule sans bruit, de longs rideaux de mousseline qui croisent leurs plis diaphanes sur les plis écarlates de rideaux de soie.

Ajoutez que je possède le plus grand des biens, une indépendance complète, sans bornes.

S'il me convient de rester à parcourir nonchalamment les feuillets d'un ouvrage nouveau, je le puis ; si j'aime mieux faire quelque longue promenade, à demi couché dans une voiture que conduit un domestique à livrée brillante, que traînent deux chevaux noirs dont la tête se dresse fièrement, dont les pieds frappent la terre avec impatience, oui, si j'aime mieux cela, je le puis encore.

Alors, je demeurais au sixième étage, rue Saint-Jacques, dans une petite chambre noire huchée au bout, tout au bout d'un escalier raide, malpropre et sans fin. Pauvre élève en droit, réduit, pour vivre, à donner des leçons de latin à quinze sous le cachet, ou bien à enluminer des images au prix de cinq francs le cent, je m'estimais heureux quand je pouvais, durant tout l'hiver, remplir de bois ma petite cheminée, qui fumait si fort !

M'advenait-il d'être assez riche pour dîner, le dimanche, chez le restaurateur, et m'asseoir après cela au parterre de l'Odéon ou d'un petit théâtre ? Oh ! C'était alors un jour de prospérité véritable !

Et cependant, il n'est point une heure de ma vie où mes souvenirs ne se reportent avec émotion et regret vers ce temps de ma jeunesse écoulé si vite et pour toujours, hélas !

C'est que j'étais si bien, blotti dans cette douce vie de laisser-aller, dans cette voluptueuse insouciance, tout entier au présent, sans inquiétude de l'avenir !

Et puis, quand venait la nuit, j'entendais sur les marches de mon escalier des pas rapides, le froissement d'une robe : oh ! Que j'étais heureux alors !

C'était Joséphine !

Elle entrait hors d'haleine, sans pouvoir dire une parole, les cheveux en désordre et les joues couvertes d'une moite rougeur.

Son bras tombait sur le dos de ma chaise ; elle appuyait sa tête sur mon épaule, levait sur moi ses grands yeux et me regardait en souriant.

Heureux comme je ne saurais le dire, moi je n'osais faire le plus petit mouvement : je craignais bien trop de perdre mon doux fardeau, et de ne plus sentir humecter mon visage de son souffle suave et pur.

Tout à coup la jeune fille se levait brusquement, et, lutin capricieux et folâtre, bouleversait mes papiers, ouvrait mes tiroirs, éparpillait chaque objet ; après quoi elle se rasseyait, feignant une gravité enfantine, et se mettant à me dire des propos sérieux qui ne tardaient pas à devenir de tendres déraisons.

Ensuite il lui prenait fantaisie de se promener, et il fallait sur-le-champ lui obéir. Son bras enlacé au mien, nous errions dans les rues sombres du Quartier latin, ou bien nous dirigions nos courses vagabondes jusqu'aux boulevards si animés au milieu du clair-obscur desquels s'agitent et se croisent tant de lumières, de personnes et d'objets, murmurent, se répètent et se confondent tant de voix, tant de bruits différents.

Isolés au milieu de cette foule, nous ne vivions que l'un pour l'autre : il nous suffisait d'un mot, d'un regard, d'un serrement de bras pour échanger nos impressions, pour nous sentir pénétrés d'une extase ineffable de bonheur et d'amour.

Et puis, c'étaient des alternatives continuelles d'accès joyeux ou d'émotions tendres : le chant plaintif d'une femme voilée, une dispute des gens du peuple, la marche avinée d'un ivrogne, une caricature exposée aux vitreries d'une boutique inondée de la lumière du gaz, nous offraient à chaque pas des spectacles qui nous attendrissaient ou dont nous pouffions de rire.

Un soir, comme de coutume, nous allions cheminant avec gaîté, quand une voix lamentable et l'aspect d'un inconnu qui barrait le passage mirent trêve à nos plaisanteries, et nous firent arrêter tout court.

C'était un mendiant.

De ma vie je n'avais rencontré physionomie semblable.

Il était grand, sec, le front bas, les yeux caves ; sa chevelure grise et raide s'échappait de toutes parts d'un vieux chapeau troué ; une longue veste brune enveloppait sa taille un peu courbée, quoique pleine de vigueur. Il était, du reste, plus vieux de débauche que d'années.

Je lui enjoignis avec rudesse de nous livrer passage : il ne répondit que par des prières insolentes de lui faire l'aumône.

Irrité de son obstination, je le repoussai de la canne dont, à cette époque, était armé tout élève en droit ; il fit résistance : poussé à bout, je le jetai rudement à terre.

Il se releva dans une colère qui fit tressaillir Joséphine, et s'éloigna en me faisant un geste de vengeance.

Je ris de ses menaces, et, rassurant ma compagne, nous reprîmes notre promenade. Bientôt nous eûmes oublié le mendiant et sa colère. Il commençait à se faire tard ; nous avions repris le chemin de la rue Saint-Jacques, occupés à faire pour l'avenir je ne sais quels doux châteaux en Espagne qui ne devaient jamais se réaliser : tout à coup Joséphine m'interrompit : « Regarde ! Oh ! regarde, dit-elle, le joli schall que voilà ! » Et, de l'index étendu de sa main délicate, elle me montrait le plus charmant fichu de cachemire qu'aient jamais produit les fabriques françaises.

Il y avait tellement de désirs dans son œil brillant, elle aurait été si heureuse de posséder ce joli schall, que je me promis bien de le lui acheter la première fois que je me trouverais assez riche pour faire cette emplette.

Il fallait pour cela au moins vingt francs.

Je reconduisis Joséphine chez elle, car nous avions vu rôder autour de nous le mendiant tandis que nous examinions le schall.

De retour chez moi, et afin de réaliser plus vite mon projet d'acquérir pour Joséphine le cachemire, je me mis à travailler durant toute la nuit. Jugez de ma satisfaction quand vint l'heure de me rendre à l'école de droit ! J'étais harassé de fatigue, et il fallait me mettre au lit ; mais j'avais gagné le quart de la valeur du schall.

Tout le reste de la semaine, je triplai de cette façon mon travail, et refusai de sortir malgré les instances de Joséphine. Aussi, quand vint le samedi, le fabricant d'images qui m'employait me compta la somme tant désirée de vingt francs.

Je ne dormis point cette nuit-là : je me faisais une fête si grande de la surprise de Joséphine quand, le lendemain, nous irions acheter ensemble le schall !

Je n'ai pas besoin de vous dire que jamais journée ne me parut si longue que la journée du dimanche.

Pour comble de contrariété, Joséphine ne vint que fort tard : son accueil me parut empêtré, moins tendre que d'ordinaire, et cela me fit une peine que je ne saurais rendre, quoique je l'attribuasse au refus que j'avais fait de me promener avec elle les jours précédents.

Nous nous mîmes en route ; mon cœur était serré tristement : je ne trouvais rien à dire à Joséphine, et elle ne pressa point mon bras une seule fois durant ce long trajet de la rue Saint-Jacques au boulevard Bonne-Nouvelle.

Je la fis arrêter devant les vitreries du magasin : ce schall n'y était plus étalé.

« On l'aura acheté, » dis-je avec tristesse

Joséphine tressaillit.

Ce tressaillement me fit un bien ! Oh ! pensais-je en moi-même, qu'elle va me prodiguer de tendresse quand je lui ferai don d'une parure désirée à ce point, et que j'ai achetée par tant de nuits passées à la besogne !

J'entrai donc joyeusement dans la boutique : Joséphine pâlit, retira son bras de dessous le mien, et demeura sur le seuil.

« Viens, lui dis-je en riant : que sait-on ? Il se trouvera sans doute un second schall pareil ; et, en voyant ta jolie figure, on t'en fera peut-être cadeau. » Son émotion était au comble.

« Entrons, entrons, » ajoutai-je, n'étant plus maître de ma joie ; et, tandis que je la forçais de me suivre : « Entrons : s'il ne se rencontre personne d'assez galant pour cela, il faudra bien que je te l'achète. »

Il y avait dans le magasin un gros commis à voix résonnante : il examinait nos débats avec un air de moquerie qui me déplut beaucoup ; aussi lui parlai-je avec le ton sec d'un étudiant en droit qui n'est point disposé à laisser rire de lui.

« Je voudrais un schall semblable à celui qui se trouvait exposé à cette fenêtre, il y a peu de jours. »

Le gros commis se mit à rire.

Joséphine lui jeta un regard suppliant : ce regard fit bouillonner en moi mille pensées, mille soupçons ; je me sentis empourprer le visage.

« Non, continua le commis en continuant à ricaner ; mademoiselle le sait bien : c'était le dernier. Ernest a dû le lui dire en lui en faisant cadeau. » Je regardai Joséphine : il disait vrai !

Donner un soufflet au commis, lui promettre rendez-vous pour le lendemain, défendre ignominieusement à Joséphine de jamais reparaître à mes yeux, tout cela se fit prompt comme l'éclair, sans savoir ce que je faisais, et de même que dans un rêve angoisseux.

En sortant, un horrible éclat de rire frappa mon oreille, et je vis disparaître dans l'ombre la figure atroce du mendiant.

Le lendemain il fallut me battre avec le commis, qui s'entendait mieux à manier une aune qu'une épée, et dont la peur était visible. Je me disposais à terminer un combat trop inégal par une légère piqûre faite à mon antagoniste, quand la voix rauque du mendiant cria tout à coup à quelques pas de moi : ce bruit inattendu me fit tressaillir... le commis profita de ce mouvement brusque pour me percer la poitrine : je tombai mourant.

Tandis qu'on m'emportait, je crus voir près de la rivière le spectre moqueur et hâve du mendiant : je voulais crier qu'on l'éloignât, mais une main impure s'étendit sur ma bouche, le sang me suffoqua, et je perdis connaissance.

Le gros commis qui m'avait blessé, et dont les soins attentifs n'avaient point médiocrement contribué à ma guérison, me descendit dans ses bras de mon sixième étage, et me servit d'appui durant ma promenade, qui ne fut pas longue.

Le pauvre garçon, désespéré d'avoir failli tuer un homme à cause d'une mauvaise plaisanterie, ne s'était pas éloigné de mon chevet tant que j'avais couru quelque péril ; durant ma longue convalescence, il avait passé près de moi tout le temps qui lui restait disponible : touché de ces preuves d'intérêt, j'avais conçu pour lui presque de l'amitié.

Et puis, il m'avait promis de m'aider à tirer vengeance du maudit pauvre, cause de tous mes malheurs, de l'infidélité de Joséphine, de mon duel, de ma blessure. Le mendiant avait remis à la pauvre petite les lettres du commis Ernest, amoureux d'elle depuis longtemps ; il avait appris à ce jeune homme combien elle désirait le fichu de cachemire ; il l'avait introduit furtivement dans la chambre de Joséphine, et s'était hâté de venir conter au magasin le succès d'Ernest et ma départie.

Après avoir terminé ma promenade, et comme j'allais rentrer chez moi, nous aperçûmes à l'extrémité de la rue une grande foule assemblée : au milieu de ces gens, deux misérables gorgés de boisson se roulaient dans la fange et poussaient des cris obscènes. Je reconnus la voix du mendiant, et, malgré ma faiblesse, je courus à l'endroit d'où elle partait.

À ma vue, un sourire railleur contracta les lèvres du scélérat ; il se souleva sur le coude, et, me montrant la femme qui gisait à côté de lui : « Suis-je vengé ? » me demanda-t-il.

Mon compagnon m'entraîna bien vite, dans un état à faire pitié : la créature qui partageait l'infâme orgie du mendiant, hélas ! c'était Joséphine !

GRÉGOR

BALLADE ECOSSAISE

1520

> Le véritable amour est comme le spectre du bûcheron : beaucoup de montagnards en parlent, aucun ne l'a vu.
>
> (MAC MORLAR)

Quel Écossais n'a point gravi le rocher d'Inverness, qui s'élève sur les bords de la Clyde, et dont une grotte étroite couronne le sommet ? Naguère encore l'ombre de ce rocher couvrait à peine la ceinture de gazon qui serpente autour de ses flancs énormes : maintenant elle s'allonge sur les ondes du fleuve et touche presque la rive opposée : c'est le signal qui doit amener en ces lieux la charmante Anna, l'amante de Grégor, du pauvre Grégor dont la mère, hélas ! n'est plus depuis huit jours.

La voilà : sa jolie bouche laisse échapper un murmure de mécontentement ; un incarnat subit colore ses joues, car son œil noir s'est vainement arrêté sur le fleuve et dans la plaine : il n'a point aperçu Grégor.

Elle s'assied sur un débris de rocher, et son plaid qui tombe de ses épaules forme autour de sa taille élégante une draperie bigarrée, aux vives couleurs de laquelle les rayons pourprés du soleil couchant viennent ajouter encore un plus vif éclat. Elle passe ses doigts délicats dans les boucles noires de ses cheveux retenues par le snood virginal, et puis elle jette encore un regard sur le fleuve et dans la plaine ; mais elle n'aperçoit pas Grégor, le pauvre Grégor dont la mère, hélas ! n'est plus depuis huit jours.

Son joli pied frappe la terre ; le dépit remplit ses yeux de larmes ; elle se rassied ; elle se relève : elle va s'éloigner de ces lieux... « Oh ! non, dit-elle : mon départ affligerait trop Grégor, Grégor dont toutes les jeunes filles du clan achèteraient un sourire au prix de leur plus beau plaid, Grégor le favori du laird, Grégor qui ne voulut jamais prendre une épouse tant que sa vieille mère réclama ses soins, sa vieille mère qui n'est plus ! hélas, depuis huit jours. »

Tout à coup un bruit léger frappe l'oreille d'Anna : c'est celui d'une rame, c'est Grégor dont la nacelle glisse sur les flots : déjà elle distingue son regard mélancolique, déjà il l'a saluée de la main. Le voilà qui saute sur le rivage ; il gravit le rocher : « Oh ! plaignez-moi, dit-il en prenant la main d'Anna ; plaignez Grégor, le pauvre Grégor dont la mère, hélas ! n'est plus depuis huit jours. »

De grosses larmes tombaient sur ses joues, et il voulut en vain retenir ces larmes ; deux fois aussi il voulut ajouter quelques mots, mais ses sanglots l'en empêchèrent. « Consolez-vous, Grégor, consolez-vous, dit Anna : ne reste-t-il pas une amie, une amie bien fidèle à Grégor ? »

Le montagnard leva les yeux et les fixa sur la jeune fille : « Prends ce plack, ajouta-t-elle : coupe-le d'un coup de ta claymore ; donne-m'en la moitié, garde l'autre, et que le ciel punisse Grégor s'il n'est point fidèle à ses serments ! Qu'il punisse Anna si jamais elle cesse d'aimer Grégor, le pauvre Grégor dont la mère, hélas ! n'est plus depuis huit jours ! »

Le montagnard, d'un coup de sa claymore, frappe la pièce de monnaie, dont les deux moitiés jaillissent au loin. L'œil étincelant, il en présente une à la jeune fille ; mais un mouvement convulsif agite soudain tous les membres de Grégor.

Anna prend des mains tremblantes de Grégor la moitié du plack, gage sacré d'une union indissoluble ; elle détache le ruban noir qui flotte sur ses blanches épaules, pour y suspendre le fragment symbolique : déjà le nœud était à demi formé, quand elle sent sur son bras la main de Grégor, du pauvre Grégor dont la mère, hélas ! n'est plus depuis huit jours.

« Anna, murmure-t-il d'abord à voix basse, puis ensuite avec un accent solennel, avant de me dire : "Je suis à toi", attendez que je vous aie révélé un secret qui doit à jamais vous éloigner de moi, un secret affreux que m'a révélé ma mère en mourant.

» Ma mère ! elle me disait toujours (vous le savez) : « Ton père est parti pour un pays lointain... » Quand je vis sur le visage de ma mère la triste pâleur de la mort, je la conjurai de me dire pour quel pays lointain était parti mon père : oh ! quelle douleur contracta soudain ses traits ! « Ton père, dit-elle, est riche ; il est riche, il est puissant : je ne suis pas son épouse... jamais... » Et elle n'acheva pas : sa main resta immobile et glacée dans la main de Grégor... et ma mère, hélas ! n'est plus depuis huit jours ! »

Anna, debout, les yeux baissés, écoutait en silence ce triste récit : le montagnard, croisant les bras sur sa poitrine, attendit quelques instants sa réponse ; mais Anna, immobile, ne leva pas les yeux. « Ah ! je le vois bien ! s'écria-t-il avec désespoir, Anna n'aimait que le favori du laird et méprise le misérable bâtard ! » Anna ne répondit point, mais la moitié du plack tomba de ses mains et vint aux pieds de Grégor.

Le montagnard s'éloigne lentement... deux fois il s'arrête, deux fois il se retourne, car il a cru entendre qu'elle l'appelait... Mais non : elle est toujours debout, immobile et les yeux baissés. « Ah ! c'en est trop ! » dit-il ; et, saisissant sa claymore, il se l'enfonce dans le cœur, et tombe en jetant un dernier regard sur Anna.

Grégor ! Pauvre Grégor, dont la mère, hélas ! n'est plus depuis huit jours !

« Grégor ! Grégor !... Oh ! ne garde pas cet effrayant silence : il me glace de terreur !... Je veux être ton épouse !... Réponds-moi, réponds à ton Anna !... » Il est trop tard ! c'est en vain qu'elle déchire son plaid pour panser la large blessure d'où s'échappent des flots de sang : Grégor, le pauvre Grégor est réuni pour jamais à sa mère, qui n'est plus, hélas ! depuis huit jours.

Une demi-heure après, le laird, accompagné de la duchesse son épouse et de quelques serviteurs, arriva sur les bords de la Clyde : « Par saint Cuthbert ! s'écria la noble dame, quel affreux spectacle ! Le cadavre sanglant d'un montagnard et celui d'une jeune fille !... Allons leur porter des secours. » Le vieux Jobson, confident du laird, retint son maître par le bras : il était pâle et tremblant : « C'est le cadavre d'Anna, murmura-t-il à voix basse, c'est celui de Grégor, du pauvre Grégor dont la mère, hélas ! n'est plus depuis huit jours. »

Le laird devint pâle comme son vieux serviteur ; il porta douloureusement la main sur son front ; une larme tomba sur ses joues ridées, et il s'appuya sur l'épaule de Jobson ; puis, après un long silence : « Paix, dit-il, paix à celui qui a causé leurs malheurs ! Paix à l'infortunée Anna ! Paix à Grégor, au pauvre Grégor, et à sa mère qui n'est plus, hélas ! depuis huit jours ! »

MARIE

BALLADE ECOSSAISE

1528

> Si je croyais au bonheur, je me
> garderais bien de le chercher dans
> une vie agitée : c'est dans le clame
> paisible de l'obscurité que
> j'espérerai le trouver.
>
> (OWEN)

Marie, la plus belle fille de l'Écosse, allait périr dans les ondes du Solvay : Halbert lui sauva la vie au péril de la sienne, et, lorsqu'il déposa Marie sur le sein de son père, le vieillard lui pressa la main en disant : « Elle t'appellera son époux ! »

Halbert était grave et sérieux : les vieillards aimaient à s'entretenir avec lui des travaux champêtres et des évènements d'autrefois ; nul ne chantait mieux que lui, à la veillée, des ballades attendrissantes, et les mères l'accueillaient toujours avec un sourire favorable, car elles se disaient en elles-mêmes : Heureuse celle de nos filles qui l'appellera son époux !

Et cependant Halbert n'était pas le chasseur le plus adroit du pays ; il ne passait pas les jours et les nuits à poursuivre le daim sauvage : à tous ces plaisirs bruyants il préférait celui de s'entretenir avec sa vénérable aïeule, qui lui parlait de sa mère qui n'était plus, et de la jeune Marie qui devait l'appeler son époux.

Déjà tout était prêt pour la noce : cent tables étaient dressées ; la cornemuse retentissait de toutes parts ; l'usquebach[15] coulait déjà et désaltérait la foule des pa-

---

[15] *Usquaebach* : célèbre whisky des highlands de la région d'Inverness. (N.d.E)

rents et des amis, qui venaient à flots bruyants féliciter l'heureux Halbert et celle qui devait l'appeler son époux.

« Marie ! Marie !... » on l'appelle en vain : son vieux père, arrachant ses cheveux blancs, voulait mourir, et maudissait la fille coupable qui couvrait de honte ses vieux ans en fuyant avec un jack qu'elle n'appelait pas son époux.

C'était Locvar qui lui avait fait oublier les devoirs les plus saints, Locvar, fameux chasseur du clan ; le cerf ou le daim tombait toujours lorsqu'il dirigeait son arbalète contre lui : c'était toujours à la tête ou au cœur que s'enfonçait la flèche. Il n'avait pas de troupeaux, mais il faisait d'aventureuses excursions dans les terres-basses, et l'on se disait à l'oreille (car Locvar était farouche, et sa flèche, on le savait, atteignait toujours le but) qu'il avait séduit plus d'une jeune fille qui ne l'avait jamais appelé son époux.

Un montagnard peut-il aimer longtemps ce qu'il méprise ? Halbert pleura la coupable Marie ; mais le temps et la raison le consolèrent, et bientôt la belle et douce Anna vint habiter sa demeure paisible, et le fit tressaillir de bonheur en levant sur lui ses yeux bleus et en l'appelant son époux.

Quinze années s'écoulèrent. L'heureux Halbert revenait dans ses chères montagnes après un court voyage : il répétait sa ballade favorite, car ses enfants l'attendaient avec impatience, et il lui tardait de bercer sur ses genoux son dernier né, et de presser de ses lèvres les joues fraîches de celle qui l'appelait son époux.

Il est doux, pensait-il, d'avoir souffert, et de pouvoir raconter ses souffrances, assis paisiblement près d'un foyer ; mais n'est-il pas plus heureux celui qui n'a jamais quitté ce foyer, et qui se dit : Béni soit saint Cuthbert qui m'a préservé de tant de maux, et qui ne m'a jamais séparé de celle qui m'appelle son époux !

Tout à coup, il aperçoit une dame montée sur un palefroi et qui fuyait pâle et mourante. Ses vêtements étaient sanglants : « Sauvez-moi, dit-elle en pleurant, sauvez-moi ! Les habitants des basses-terres me poursuivent : ils ont massacré mon fils et celui que j'appelais mon époux. »

Halbert tressaillit à la voix de l'inconnue... Il la couvrit de son plaid, la conduisit dans sa demeure, où elle reçut les plus tendres soins de celle qui appelait Halbert son époux.

En voyant l'heureuse famille entourer de ses bras ce bon père qui souriait, l'étrangère détourna la vue, et une larme bien amère coula sur sa joue. Hélas ! elle n'avait jamais goûté ce bonheur paisible, car il était farouche et terrible celui qu'elle appelait son époux.

Huit jours s'écoulèrent. Elle fit approcher de son lit de mort le pasteur qui lui avait donné un asile, et, levant sur lui un regard éteint, et pressant de sa main glacée la main tremblante du montagnard : « Halbert, dit-elle, ne reconnaissez-vous pas Marie, Marie qui fit mourir son père de douleur, et qui devait vous appeler son époux ? »

LE MARIN

BALLADE ECOSSAISE

1533

> Ne quitte pas une brebis pour chasser un aigle que tu n'atteindras jamais ; car, lorsque tu reviendras près de ta brebis, oubliant la laine et le lait qu'elle te donne, tu diras avec mépris : « Elle ne sait pas voler. »
>
> (*Proverbe écossais*)

Le jeune chasseur qui s'avance imprudemment dans les marais de l'Écosse ne sait plus distinguer, lorsque la nuit est venue, la lueur perfide du feu follet de la lumière qui brille dans la maison hospitalière : il les regarde tour à tour avec anxiété, et regrette amèrement de n'être pas rentré quand la lune parut au ciel ; et cependant il en avait reçu le conseil de sa mère.

Du moins, lorsque les premiers rayons du soleil rougiront les vapeurs des marais, il secouera son plaid, se hâtera de regagner le toit où l'attend avec inquiétude la jeune fille aux yeux bleus à laquelle il promit le chevreuil que sa flèche a percé, et, jurant d'être plus prudent à l'avenir, il embrassera tendrement sa mère.

Mais celui qui, dédaignant un sort obscur et tranquille, attache une branche de houx à son bonnet formé de la dépouille des aigles, monte un coursier fougueux, et n'a jamais d'autres troupeaux que les bœufs qu'il guide avec sa lance et qu'il a enlevés à l'habitant des terres-basses, au malheureux qui pleure en regardant ses étables désertes et sa chaumière dévastée où ne peut plus s'asseoir sa mère ;

Mais l'aventureux montagnard, qui, sur la foi des perfides récits d'un voyageur, va chercher des trésors au-delà des mers : ceux-là, dis-je, voudraient bien, comme le jeune chasseur, n'avoir qu'une nuit à attendre pour revoir les lieux où ils naquirent ! Combien de fois l'un, en laissant flotter la bride sur le cou de son cheval, l'autre, assis sur des cordages à la poupe d'un vaisseau, et plongés dans une profonde rêverie, ne se sont-ils pas écrié : « Ma mère ! »

Hélas ! Hélas ! Ils ne retrouveront jamais le bonheur, même au sein de l'Écosse ; ils ne goûteront plus aucun charme à frapper l'agile chevreuil ! Pourront-ils se résigner à passer dans les montagnes une vie uniforme comme le lac, qui ne réfléchit jamais qu'un ciel grisâtre et les hauts rochers qui préservent ses eaux du souffle des vents ? Le jeune aiglon, une fois échappé de son nid, ne saurait plus s'y plaire, quoiqu'il doive se procurer, au risque de sa vie, la nourriture que lui prodiguait sa mère.

Assise tristement devant son foyer, la vieille Anna rêvait à son fils. Lindall aimait Jenny, mais il n'avait qu'un petit troupeau : « Si j'épouse Jenny, dit-il à sa mère, pourrai-je la voir souffrir ? Lorsqu'elle voudra cacher les larmes que lui arrachera la misère, ne serai-je pas le plus malheureux des montagnards qui portent le plaid et le poignard ? Ah ! Il faut que je m'enrichisse ! » Et un soir, Lindall ne revint pas chez sa mère.

Et, depuis six ans, Anna ne sait ce qu'il est devenu. Elle serait morte pauvre et solitaire, si Jenny ne la nourrissait du produit de son travail, ne lui parlait de son fils, et ne l'embrassait en lui disant : « Il reviendra, il reviendra : il m'appellera encore sa Jenny ; il vous appellera encore sa mère ! »

Tout à coup on heurte à la porte : le rouet d'Anna cesse son bruit monotone, et un étranger, dont les habits sont de pourpre et tout couverts d'or, demande l'hospitalité que jamais ne refusa l'Écossais. « Soyez le bienvenu ! dit-elle ; mais vous n'aurez ici qu'un peu de laitage, car je suis pauvre, et mon fils a depuis bien longtemps abandonné sa mère. »

L'étranger prit la main d'Anna ; et la vieille Écossaise, levant les yeux sur lui, s'écria : « Mon fils ! » C'était Lindall, l'amant de Jenny, qui, pour courir après la fortune, un soir ne revint pas chez sa mère.

Est-il un bonheur plus grand que celui d'une mère retrouvant un fils qu'elle avait cru mort ! Les sanglots d'Anna l'empêchèrent longtemps de parler ; mais, lorsqu'elle leur eut donné un libre cours : « Que Jenny doit être joyeuse ! dit-elle, Jenny qui m'a nourrie de son travail, et qui me disait : "Il reviendra, il reviendra : il m'appellera encore sa Jenny ; il vous appellera encore sa mère !" »

Jenny était derrière elle : elle s'avança en rougissant, et se jeta dans les bras de Lindall. Lindall baisa une de ses joues vermeilles, et se mit à raconter les maux et les périls auxquels il avait été exposé depuis qu'il avait quitté sa mère.

Et puis il vida sur la table une grande bourse pleine de pièces d'or, sur lesquelles vint reluire la lumière vacillante de la lampe. « Oh ! s'écria la bonne Anna, te voilà riche désormais, et nul troupeau aussi nombreux que le tien ne parcourra ces montagnes ! » Lindall répondit en souriant : « Ceci est peu : c'est pour vous, ma mère.

» Trois vaisseaux m'appartiennent : ils sont chargés tous trois de marchandises et d'or. Avec la valeur de l'un de mes trois vaisseaux, je pourrais acheter toutes les maisons du clan et le château du laird lui-même : gardez donc ce peu d'or ; ceci est pour vous, ma mère. »

Que Jenny était heureuse ! Et cependant Lindall tardait bien à parler d'amour et de mariage, lui qui pour Jenny avait supporté tant de maux et abandonné sa mère !

Hélas ! Un jour, deux jours, trois jours s'écoulèrent, et Lindall ne parlait pas de mariage. Ses regards étaient froids et distraits ; et souvent même il fredonnait une chanson de marin ou sifflait un air guerrier, tandis que lui parlait sa mère.

Un matin il dit : « Je vais partir. » Jenny resta immobile et pâle comme un fantôme des marais. « Je vais par-

tir, répéta-t-il : mes enfants, ma femme m'attendent...
Adieu, ma mère ! »

Il était disparu depuis longtemps ; et sa mère regardait encore en pleurant la colline qu'il avait gravie... Elle se retourne, appelle Jenny... Jenny, pâle et immobile comme un fantôme des marais, ne répondit plus jamais à celle qu'elle avait tant de fois nommée sa mère.

Deux ans après, un étranger, dont les habits étaient de pourpre et tout couverts d'or, parut dans les montagnes : il demande Anna. « Il y a bien longtemps qu'elle n'est plus, répondit une vieille femme. Personne, sans moi, ne lui aurait fermé les yeux, personne n'aurait prié près de son corps ; et le laird porta lui-même la tête du cercueil. Elle est là-bas, comme elle l'a demandé, près de Jenny, de cette jeune fille pour qui le fils d'Anna, Lindall, avait abandonné sa mère. »

L'INFORTUNÉ

NOUVELLE FRANÇAISE

1829

> Ton œil, comme Satan, a mesuré l'abîme,
> Et ton âme y plongeant, loin du jour et de Dieu,
> A dit à l'espérance un éternel adieu.
> . . . .
> Malheur à qui, du fond de l'exil de la vie,
> Entendit ce concert d'un monde qu'il envie !
> Du nectar idéal sitôt qu'il a goûté,
> La nature répugne à la réalité.
>
> (DE LAMARTINE, L'*Homme*,
> *Méditation à lord Byron*)

Il y a quatorze ans que j'ai quitté le collège de Grenoble... Et pourtant je ne puis encore me défendre d'une douce émotion au souvenir de la notable journée où l'on m'y décerna, en rhétorique, un second prix de version latine, un second prix de version grecque, deux premiers accessits et trois seconds. Élève plus laborieux que doué de dispositions brillantes, ce fut le premier, ce fut l'unique succès que j'obtins en ma vie : on concevra donc quelle impression profonde il produisit sur moi, quel aimable souvenir il m'en reste, et avec quelle joie puérile je me complais à le rappeler ici.

Rentré dans le dortoir du collège, et me laissant aller aux pensées les plus riantes, je me mis à faire gaîment les préparatifs de mon voyage du lendemain. La joie de ma bonne mère en revoyant son fils, son fils possesseur de deux couronnes ; le bien-être de me sentir délivré de la servitude scolastique ; le plaisir de faire une longue route, de voir d'autres objets que la triste ville de Grenoble et les murs de couvent de notre collège : telles étaient les seules idées qui m'occupassent alors. Courbé sur la petite malle qui renfermait mon trousseau modeste, je chantais à gorge déployée, quand un bras m'entoura de son étreinte amicale : c'était Charles de Belleville ; il venait me faire ses adieux.

La plus tendre amitié nous unissait l'un à l'autre. Durant huit années que nous passâmes ensemble au collège, nous ne nous étions pas quittés d'un moment, et jamais la moindre discussion, jamais le refroidissement le plus léger n'avait troublé cette étroite union.

Nos caractères différaient de beaucoup cependant.

La nature avait doué Charles d'une âme ardente et romanesque, d'une sensibilité exquise, d'une imagination riche, et d'une rare facilité pour l'étude. Il était excellent musicien, dessinait avec talent, parlait plusieurs langues, et conservait toujours sur ses camarades une supériorité incontestable. Néanmoins, il ne se trouvait pas un seul d'entre eux qui ne le chérît ; car il se montrait constamment bon, modeste, et le plus adroit à la balle.

J'étais, moi, ce qu'on appelle un travailleur, et bien loin de posséder aucune des brillantes qualités de Charles, il exerçait sur moi un ascendant extrême, et difficile à comprendre si l'on ne savait combien les hommes d'un caractère faible s'attachent avec force aux âmes énergiques dont la supériorité les subjugue.

Je ressentais donc pour Charles un attachement désintéressé et presque fanatique. Qu'on s'en fasse une idée : je me sentis plus heureux lorsqu'il serra tendrement mes mains, lorsque, les larmes aux yeux, il me parla de mes succès ; oui, je me sentis plus heureux qu'au moment solennel où mon nom fut proclamé, où le recteur me mit une couronne sur la tête en me congratulant avec une citation de Virgile.

Après une longue jaserie, une jaserie affectueuse ; après avoir juré cent fois que rien n'altérerait la tendre amitié que nous éprouvions l'un pour l'autre ; après avoir promis de nous écrire le plus souvent possible, il fallut nous séparer enfin.

En me quittant, Charles partit avec son père en chaise de poste. Je montai le lendemain matin sur l'impériale de la diligence, et j'allai retrouver ma mère, qui habitait la Bourgogne.

Veuve d'un brave capitaine mort en Allemagne, ma mère n'avait pour vivre qu'une modique pension suffisant à peine à ses besoins. Je fis tous mes efforts pour lui être à charge le moins longtemps possible : j'y parvins bientôt, grâce à mon ancien recteur, à ce digne homme qui m'avait complimenté en latin le jour de la distribution des prix : je fus nommé professeur de septième dans une petite ville, à trente lieues de celle qu'habitait ma mère.

Mes appointements n'étaient pas considérables ; mais ils suffisaient à mon entretien et me permettaient, tous les ans, d'aller passer les vacances auprès de ma mère. Ce plaisir, joint à mon goût pour l'étude et à mon peu d'ambition, rendait fort supportable ma modeste existence.

Un chagrin pourtant, un chagrin bien amer troubla longtemps ma tranquillité : les lettres de Charles, d'abord très fréquentes et très longues, devinrent bientôt rares et courtes ; dix-huit mois après notre départ du collège de Grenoble, elles cessèrent même tout à fait. J'écrivis plusieurs fois, mais je ne recevais point de réponse : il me fallut renoncer, le cœur gros de regrets, à cette correspondance. Je n'eus depuis lors qu'une seule fois, et indirectement, des nouvelles de l'ingrat : un de nos anciens condisciples m'apprit que le père de Charles, en mourant, lui avait laissé une fortune considérable, et que le jeune héritier se livrait éperdument aux plaisirs que cent mille livres de rentes, une belle figure, de l'esprit et des talents, peuvent procurer à Paris.

Neuf années s'écoulèrent. J'étais devenu professeur de troisième dans mon petit collège, et la même chaire vint à vaquer dans la ville qu'habitait ma mère : c'était l'époque des vacances : je résolus de solliciter cette place, et je partis pour Paris.

Arrivé de deux jours, et après avoir fait d'inutiles démarches, j'allais revenir, tout désappointé, faire connaître cette triste nouvelle à ma mère, lorsque j'appris que Charles se trouvait à Paris, et qu'il avait pour oncle un ministre : un seul mot de lui pouvait me faire obtenir la place que je sollicitais. Longtemps je balançai si j'aurais recours à l'ingrat qui m'avait témoigné tant d'indifférence ; mais la vie de ma mère en dépendait : car, malade, accablée de chagrins et d'années, elle réclamait des soins comme un fils peut seul en donner... Il me fallut bien surmonter ma répugnance et avoir recours à la protection de Charles : je me rendis le lendemain à l'hôtel qu'il habitait dans la Chaussée d'Antin.

On m'introduisit dans un cabinet élégant : la tête appuyée sur ses deux mains, Charles paraissait livré à une profonde rêverie. À peine le domestique eut-il dit mon nom, que Charles était dans mes bras ; son émotion paraissait tellement vive, qu'il demeura quelques instants sans pouvoir parler : « Edmond, Edmond ! s'écria-t-il enfin, je suis un ingrat ! Toi seul au monde m'as jamais aimé, et j'ai pu t'en payer si outrageusement ! »

Cet accueil dissipa le peu de rancune que j'aurais pu lui garder, et nous retrouvâmes bientôt l'un pour l'autre la confiance et la tendresse que nous éprouvions au collège de Grenoble. Il fut résolu que nous passerions la journée ensemble, que la porte de Charles serait fermée à tout le monde, et que le lendemain je serais présenté au ministre.

Je trouvai Charles bien changé.

Son visage était pâle, son front à demi chauve, ses yeux caves, son regard mélancolique : il y avait dans toute sa physionomie une expression indéfinissable d'amertume et de dédain.

Les tristes confidences qu'il me fit ne m'expliquèrent que trop bien les causes d'un si funeste changement.

Charles se trouvait sous le poids de ce désespoir morne qui, lorsqu'il s'empare d'une âme énergique, l'empreint à jamais d'amertume et d'ironie.

Il n'avait éprouvé pourtant que ces chagrins, funeste privilège des hommes bien organisés, de ces chagrins qui ne sont pas compris de l'heureuse indifférence du vulgaire : altéré et d'amour et d'amitié, il avait été misérablement trahi.

Mais ce désenchantement qui, lent et insensible, produit l'égoïsme chez l'homme mûr, dont l'expérience et le contact des hommes ont usé graduellement les facultés aimantes, ce désenchantement subit et terrible avait exaspéré une âme neuve et tout à coup dépouillée de ses plus chères illusions.

Pour se soustraire à ce vide moral, à cette soif ardente d'aimer, mal intolérable, mal qui dessèche et consume, Charles se livra à tout ce que les sciences et la philosophie ont de plus positif et de plus désolant.

Il est inutile de dire que ces fatales études, loin de le soulager, achevèrent de détruire le peu d'illusions qui lui restassent encore.

Plus malheureux que jamais, il chercha dans les fêtes, dans les plaisirs du monde, les moyens de s'étourdir et de se soustraire à lui-même : à défaut de tendresse, il chercha les succès qui flattent la seule vanité ; il façonna ses lèvres et ses regards à exprimer des sentiments qu'il n'éprouvait pas. Bientôt il devint un habile séducteur : la vivacité de son esprit, son imagination ardente, et peut-être même cette perpétuelle ironie, cette vague et indécise amertume qui se mêlait à ses propos les plus tendres, contribuaient à faciliter ses succès. Partout on le recherchait avec empressement, partout on lui portait envie... Oh ! Si l'on avait pu lire dans sa pensée !

Plus malheureux que jamais, à peine pouvait-il obtenir de l'ivresse morale du monde le grossier oubli de soi-même que l'artisan trouve dans l'ivresse physique de la boisson : pour réussir, il fallait feindre de croire à l'amour qu'on lui promettait, à cet amour qu'il donnerait tout au monde pour obtenir, qu'il sait impossible, et dont l'impossibilité fait son désespoir. Il ressemblait à ces malades qui boivent et reboivent pour étancher une soif inextinguible, et qui ne font que redoubler la fièvre de feu qui les dessèche et les consume.

Le cabinet de Charles aurait pu donner une idée du désordre moral de cet infortuné rassasié de science, dégoûté de volupté, désabusé des plus douces croyances, dépouillé des plus chers prestiges.

Un concerto de Hummel était ouvert sur un piano chargé de fleurets et d'armes ; plus loin un tableau inachevé surmontait un chevalet ; des instruments de physique se trouvaient au milieu d'appareils de chimie, et des ossements humains, auxquels l'art de l'anatomiste avait donné la blancheur de l'ivoire, gisaient sur un herbier d'énorme dimension.

Mes regards furent surtout frappés de l'immense bureau devant lequel se tenait Charles à mon arrivée : là, ouverts et entassés pêle-mêle les uns sur les autres, se trouvaient Milton, Destutt de Tracy, Montaigne, Byron, Rabelais, Locke, Racine, Gall, Lamartine, Helvétius, Broussais, Hugo, Voltaire. On voyait que Charles avait, en interrogeant tour à tour ces auteurs, cherché à se distraire de lui-même, et que, désespéré de ses vains efforts, il avait repoussé ces livres loin de lui, pour essayer d'autres tentatives aussi infructueuses. Faust infortuné, l'abus des sciences et des plaisirs était pour lui un horrible Méphistophélès.

Et lorsque je l'entretenais de mes vœux modestes, que je lui parlais du bonheur que je goûterais s'il m'était permis enfin de ne plus me séparer de ma mère, il pleurait, il me pressait les mains, il me disait avec une émotion convulsive : « Oh ! si tu savais ce que je donnerais au monde pour croire encore à ce que tu crois, pour goûter comme toi un plaisir obscur et tranquille à feuilleter un livre, à faire une promenade solitaire ! Oui, que l'on me rende des pensers doux et riants, que l'on me fasse encore croire à l'amitié, à l'amour, à la vertu ; que je puisse dormir toutes les nuits d'un sommeil paisible, et je donne en échange toutes ces richesses immenses que l'on m'envie : j'abjure ces funestes connaissances qui s'acharnent à me persécuter, comme le fantôme qu'évoque et que ne peut conjurer un magicien imprudent.

» Pour me soustraire à moi-même, je vais faire de longs voyages ; mais hélas ! je les entreprends sans espoir de guérison : il n'est qu'un remède à ce que j'endure, c'est la mort !... »

Je le quittai, la poitrine resserrée de pitié, de tristesse et d'effroi.

Le lendemain, j'eus une audience du ministre : j'obtins la faveur que je demandais, et, après avoir pris congé du malheureux Charles, je montai en voiture pour retourner près de ma mère.

Quatre années s'écoulèrent de nouveau, et bien des heureux changements étaient survenus dans mon sort : la santé de ma mère s'était rétablie, grâce à la présence et aux soins de son fils bien-aimé ; j'avais épousé une jeune fille fraîche, bonne, naïve, et par-dessus tout excellente femme de ménage ; enfin un petit garçon, enfant charmant, était venu augmenter ma famille et mes jouissances domestiques. Joignez à cela que de la chaire de troisième j'étais parvenu à la chaire de rhétorique, et, du caractère dont vous me connaissez, vous voyez qu'il ne me restait pas un seul désir à former.

Je revenais un soir de faire une petite promenade avec ma mère, ma femme et mon petit garçon, lorsqu'à mon retour on me remit une lettre apportée chez moi durant mon absence. Je reconnus l'écriture de Charles : il venait d'arriver dans ma petite ville.

Je courus en toute hâte à l'hôtel qu'il m'indiquait... Je ne pus retenir un cri de surprise et de douleur à l'aspect de l'infortuné : il était à peine reconnaissable.

« Tu le vois, Edmond, me dit-il avec un sourire que je ne saurais exprimer, tu le vois : il ne me reste que bien peu de jours à vivre... J'ai voulu mourir dans les bras de l'unique ami que j'eusse au monde ; j'ai voulu te confier un secret que je puis dire à toi seul. »

Je déterminai Charles à venir se loger dans ma maison, où mes soins et ceux de ma famille lui seraient bien plus salutaires que des services étrangers et à prix d'argent : il consentit, et à l'instant même on le transporta chez moi.

Le lendemain, il me confia ses tristes secrets.

J'ai conté qu'il était parti de Paris en même temps que moi ; je l'ai ajouté, il avait intention de parcourir différents pays.

À peine en voyage, sa mauvaise santé l'obligea de s'arrêter à Aix-la-Chapelle. Il avait des lettres de recommandation pour un riche banquier, M. Reisladst : ce dernier, homme estimable, ne tarda pas à apprécier Charles de Belleville, et le malade devint l'ami intime du banquier.

Madame Reisladst était Anglaise. Elle avait près d'elle sa sœur, milady Maria Nelson, mariée depuis un an au duc et pair le plus vieux, le plus bourru et le plus égoïste des trois royaumes.

Charles devint épris de Maria et s'en fit aimer.

Déçu tant de fois, en vain il se voyait prodiguer par la jeune lady les preuves les plus touchantes d'une tendresse délicate, pudique, passionnée, sans bornes, d'une tendresse comme le romanesque jeune homme en avait rêvé tant de fois, et que, dans son désespoir, il avait appelée une chimère : l'amour de Maria était pour lui un songe qu'il s'attendait bientôt à voir s'évanouir. Il ne faut pour cela, songeait-il, qu'une absence de courte durée, qu'un frivole caprice.

Jugez quelles angoisses devaient résulter d'un pareil doute pour le pauvre Charles, dont l'imagination s'exaltait davantage de jour en jour !

Un soir, en contemplant les traits angéliques de Maria, en voyant ses beaux yeux bleus s'attacher longuement sur lui, il abjura enfin le doute horrible qui le poignait, et, dans un transport délirant, il saisit la main de la jeune lady et la pressa contre ses lèvres.

Milord Nelson était présent : le lendemain il partit avec sa femme pour une terre qu'il possédait en Irlande.

Un mois après ce cruel départ, Charles reçut une lettre de milady Nelson : jamais femme n'exprima pareille tendresse.

« Je n'osais pas, disait-elle, je n'osais pas, quand j'étais auprès de vous, Charles, avouer combien je vous aimais ; mais à présent que nous sommes séparés à jamais, et que cette séparation vous rend bien à plaindre, oh ! je le sens, je veux vous dire que je vous aime : je veux vous répéter que je vous aime, oui, que je vous aime comme jamais homme ne fut aimé !

» Je ne pourrai jamais recevoir de vos lettres : la jalouse surveillance de milord y met un obstacle insurmontable : chacune des personnes qui m'entourent est un espion. Si vous saviez les angoisses que j'éprouve, les dangers auxquels je m'expose pour tracer, pour faire parvenir cette lettre ! Mais elle doit vous rendre moins à plaindre : puis-je calculer quelque chose ? »

Charles avait ainsi reçu à de longs intervalles des lettres, expression d'une tendresse céleste. Jamais il ne lui fut possible d'y répondre.

À quelque temps de là, il vint à Paris un jeune Allemand que Charles avait souvent rencontré chez le banquier d'Aix-la-Chapelle : il arrivait d'Irlande ; il avait vu Maria, pour laquelle madame Reisladst lui avait remis des lettres.

L'Allemand raconta froidement à Charles, qui dévorait ses paroles, qu'il n'avait fait que deux visites chez le duc et pair ; il ajouta que le château de *** était un séjour fort ennuyeux, et que la société de la pauvre milady Nelson s'y composait uniquement du vieux lord et d'un jeune homme, son neveu, fort bon pianiste sans doute, car il l'avait trouvé chaque fois, à son arrivée, faisant de la musique avec milady Nelson, à laquelle il connaissait trop de goût pour qu'elle pût se complaire de la façon avec un mauvais musicien.

Il n'en fallut pas davantage pour que de vagues et cruels soupçons s'attachassent dès lors à Charles : ils devinrent bientôt pour l'insensé une affreuse certitude, car il ne reçut plus de lettres de Maria.

Le désespoir acheva de ruiner sa santé débile : les germes de la maladie de consomption qui le consumait avec lenteur se développèrent tout à coup rapidement ; et, se sentant mourir, il avait voulu me revoir encore une fois et me confier ses amères douleurs.

« Si Maria écrivait encore, me dit-il en terminant, tu recevrais ses lettres, tu... mais elle n'écrira plus ! ajouta-t-il, elle n'écrira plus ! » Il laissa couler quelques larmes, détourna la tête, et puis il expira.

Le jour même de sa mort, on me transmit de Paris une lettre de milady Nelson.

Trois autres lettres arrivèrent encore, et à de longs intervalles.

La dernière était cachetée de noir : elle apprenait que le vieux lord avait cessé de vivre depuis trois mois ; elle indiquait l'adresse que devait porter la lettre de Charles.

Ce fut moi qui répondis.

Depuis ce moment-là, il n'est plus jamais arrivé de lettres de milady Nelson.

LES ROSES

NOUVELLE FRANÇAISE

1825

> ... Elle était de ce monde, où les plus belles choses
> Ont le pire destin,
> Et, rose, elle a vécu ce que vivent les roses,
> L'espace d'un matin.
> (MALHERBE, *Ode sur la mort d'une
> jeune Fille*)
>
> Il est dans la nature humaine d'aimer à se tromper, et de croire que l'on sera plus heureux ou plus sage que les infortunés qui ont failli : aussi ne recule-t-on pas devant un péril où vient de succomber un autre.
> (*Lettre d'amour*)

« Maria, ne folâtre point avec ces roses, ne les enlace point comme tu le fais à tes beaux cheveux, ne les noue pas à ta ceinture : laisse-moi ces fleurs, oh ! je t'en prie, laisse-les-moi. Si tu savais quels tristes souvenirs elles me rappellent ! Si tu savais où je les ai cueillies, Maria ! c'est sur la tombe d'une jeune fille. Elle se nommait du joli nom de Laure ; elle était belle, douce, rieuse, insouciante de même que toi ; je l'aimais comme je t'aime, car, vois-tu, Maria, je l'avais bien des fois endormie sur mes genoux. Plus tard, j'avais partagé ses jeux de petite espiègle de six ans, et puis, lorsqu'elle était devenue belle adolescente au maintien timide, c'est avec moi seul qu'elle oubliait encore ses quinze années, qu'elle redevenait enfant joyeux, qu'elle se livrait avec un délicieux abandon à mille caprices frivoles. Presque chaque soir, nous faisions ensemble de longues excursions dans la campagne : appuyée sur mon bras sexagénaire, tantôt grave, tantôt mutine, il lui échappait de ces reparties ingénues, elle tenait de ces propos ravissants que dit avec tant de charmes, que peut dire seule une bouche virginale. Laure jouissait avec délices de sa vie molle et insouciante de jeune fille, de cette vie qu'embellissaient encore mille reflets heureux du passé ; chacune de ses paroles exprimait un bonheur paisible, sans désir, sans projet : on aurait dit que l'avenir ne devait jamais arriver pour elle, ni lui apparaître plus austère et plus sinistre.

» Aussi quand, terrible et soudaine, l'infortune éclata sur la pauvre Laure, elle la frappa d'un coup mortel.

» Mais pourquoi te faire ce pénible récit qui te donnerait de la tristesse pour toute la journée ? J'aime mieux te voir riante comme tu l'es maintenant.

»... Oh ! Tu as beau serrer de tes jolies petites mains mes mains desséchées et brunies par l'âge ; en vain tu poses ton bras caressant sur mon épaule, en vain tu me prodigues de ces ravissantes gentillesses qui me font obéir à tes moindres caprices : pour cette fois, je t'assure, ton oncle ne cédera point... Oui, oui, même quand tu promettrais de lui chanter quelques-uns de ces vieux airs qu'il aime tant, quand bien même tu lui offrirais pour ce soir une partie de piquet !

»... Bon ! La voilà qui prend un air boudeur... Allons, reviens, Maria ; quitte cette fenêtre où tu t'es réfugiée ; reviens près de moi, te dis-je, mon enfant ; et, puisque tu le veux, écoute.

» Un jour, la mère de Laure me fit une confidence : un jeune homme riche, d'une tournure élégante, et dont elle avait ouï vanter l'esprit et les bonnes qualités, venait de faire demander Laure en mariage.

» Il habitait une maison de campagne voisine de la nôtre, et bientôt il ne quitta plus Laure de la journée.

» La jeune fille ne tarda pas à s'éprendre éperdument de son fiancé. Tout le monde encourageait cet amour naïf ; et, chaque fois que nous la voyions rougir lorsqu'il arrivait ou pâlir à son départ, son heureuse mère échangeait avec moi des regards de mystère et des sourires d'intelligence.

» Le fiancé partit pour un voyage de courte durée : d'abord, nous recevions de ses lettres presque tous les jours ; après cela il cessa d'écrire, et une semaine, un mois s'écoulèrent. Il écrivit alors de nouveau, mais pour apprendre qu'il avait renoncé à la main de Laure.

» Je ne te peindrai ni le morne désespoir de Laure, ni les angoisses de sa mère, ni mon indignation, Maria... Oh ! Si je n'avais pas été si vieux, le lâche n'aurait point impunément fait tant de mal ; mais, il le savait bien, la mère de Laure était veuve et n'avait au monde que sa fille.

» À quelques mois de là, il fallut transporter Laure à Paris : les médecins de la province que nous habitions avaient déclaré au-dessus de tout remède humain la maladie de consomption qui dévorait l'infortunée. Hélas ! Les docteurs de Paris confirmèrent la terrible sentence.

» Ils n'avaient que trop raison : huit jours après notre arrivée, Laure reposait au cimetière du Père-Lachaise.

» Je suis le seul qui parfois aille déposer des couronnes sur sa tombe ou cueillir quelques-unes des fleurs que l'on y a plantées ; je suis le seul, car sa mère... sa mère !... Elle a perdu la raison.

» Tu pleures, Maria ? Que diras-tu quand tu sauras que l'auteur de tant de maux est heureux, brillant, recherché, qu'il est accueilli dans cette maison même, que c'est Jules de Beaumanoir ?

»... Elle pâlit ! Elle chancelle !... Maria !... Maria !... Oh ! la voilà qui revient à elle, grâce à Dieu !

» Eh bien ! méchante enfant, avais-je si grand tort de ne pas vouloir te conter cette lugubre aventure ? »

Le lendemain de cette confidence, je partis pour un voyage qui devait durer plusieurs mois : jugez de ma surprise quand je reçus, peu de temps après mon départ, une lettre de ma belle-sœur, une lettre qui m'apprenait que Maria épousait... qui ? Jules de Beaumanoir !

Un billet de Maria était joint à cette lettre.

« Mon bon oncle, disait-elle, je me fais une idée de ta surprise ; mais, avant de me blâmer, écoute-moi : Jules a été bien coupable ; mais c'est à cause de moi : il me vit, et dès lors il cessa d'aimer la pauvre Laure. Serait-ce à moi, mon oncle, je t'en fais juge, serait-ce à moi de punir Jules de m'avoir aimée plus que le repos de sa conscience ? Mon oncle, il en a fait l'aveu : des remords, des remords bien cruels le poursuivaient, le troublaient jusque durant son sommeil !... Oh ! je veux lui consacrer toute ma vie ; pour prix d'un pareil amour, je veux, à force de sollicitude et de tendresse, lui rendre le calme et le bonheur. »

Que pouvais-je faire, moi, pauvre vieillard absent, si ce n'est de gémir ?

Maria devint la femme de M. Jules de Beaumanoir.

À l'entendre, Maria est la plus heureuse des femmes : cependant il ne lui reste plus rien de sa gaîté d'autrefois ; elle est devenue pâle, mélancolique, et je l'ai surprise bien souvent à verser des larmes amères.

Jamais, moi son vieil ami, je n'ai pu obtenir d'elle la confidence des peines qu'elle éprouve.

Quoique je sorte bien peu de mon entresol, j'ai ouï dire souvent que M. de Beaumanoir était un des hommes les plus aimables et les plus recherchés de Paris.

POLYCARPA SALAVARIETA

HISTOIRE COLOMBIENNE

> Amour sacré de la patrie,
> Rends-nous l'audace et la fierté !
> À mon pays je dois la vie :
> Il me devra sa liberté.
>
> *(Muette de Portici)*
>
> Professer d'être grand et savant politic,
> onc ne m'a soucié, onc ne me souciera.
> Vrai, pour parfaire semblable métier,
> fauldroit-il se montrer plus impitoyable
> que gens de hart et bourreaux de profes-
> sion ? Voire encore ceulx-ci gehennent
> corps seulement : au rebours, politics
> gehennent corps et âme, ainsi que vrais
> et parfaits démons d'enfer.
>
> (PHILIPPE BOUCLELIER, *Histoire*
> *M.S. des Guerres de Bretagne)*

Antonio reposait aux côtés de Polycarpa : lorsqu'il vint à se réveiller, la jeune fille dormait encore, la tête appuyée sur un bras nu, et le sein voilé par de beaux cheveux noirs qui retombaient dans un voluptueux désordre.

À demi penché, le jeune homme respira quelque temps en silence le souffle tiède qui s'exhalait des lèvres entr'ouvertes de polycarpa.

Et puis il déposa un baiser sur les brunes épaules de la belle Colombienne : elle souleva lentement alors des paupières surchargées de langueur et d'amour : « Antonio, mon Antonio !... » murmura-t-elle ; et, jetant ses bras autour du cou nerveux de son amant, elle répéta : « Antonio, mon Antonio !... »

— Il me faut partir ; il me faut te quitter ! » répondit-il d'une voix émue, tandis qu'il se dégageait lentement des molles étreintes qui le retenaient. « Polycarpa, ma bien-aimée, il me faut partir. »

Elle se lève à demi, rassemble sur sa tête les longues tresses de sa chevelure, et ses bras qui retombent enlacent de nouveau son Antonio.

« Reste, oh ! reste encore, reste dans les bras de ton amante ; ne me quitte jamais, jamais !... Laisse-moi reposer encore ma tête sur ta poitrine ; laisse-moi contempler encore tes yeux étincelants et les dents blanches que montre ton sourire !

— Et Santander ? Et les indépendants ? » répliqua faiblement le jeune homme, qui se laissait aller malgré lui aux enivrantes sensations de Polycarpa.

Elle s'arracha de ses bras ; ses regards s'animèrent, et sa voix modulée devint plus grave et plus énergique.

« Antonio, il te faut partir ! Hâte-toi !... Coupable que je suis ! Écouter mon amour quand mon pays, quand la liberté te réclament !... Non ! plus un baiser, plus un sourire ! Pars à l'instant, Antonio ! Quand Santander aura reçu les dépêches de Grégorio, quand il saura combien il lui est facile de reprendre Bogota, alors, seulement alors tu seras étreint de mes caresses ; ton front deviendra rouge de mes baisers... Adieu ! »

Antonio s'éloigna, et la jeune fille, du haut de son balcon et tant qu'il lui fut possible, le suivit de ses regards voilés de larmes : elle pleurait alors, car nul ne la voyait.

Il avait disparu depuis longtemps, qu'elle demeurait encore là, immobile et le regard fixe. Les brocards de quelques officiers espagnols qui s'arrêtèrent pour la regarder la tirèrent de cette rêverie.

« Insolents damerets, murmura-t-elle en fermant le balcon avec violence, attendez le retour de mon Antonio, et vos galantes paroles vous seront payées ce qu'elles valent, un bon coup de poignard dans le flanc gauche. Pavanez-vous, dressez vos têtes surchargées de panaches : dans deux jours Santander reviendra avec son armée ; dans deux jours vos cadavres seront gisants dans les rues de Bogota, et le drapeau de l'indépendance flottera sur nos tours avilies maintenant par les replis de vos enseignes. »

Comme elle disait ces menaces, une jeune fille, sa compagne, se précipita dans l'appartement : « Antonio ! Antonio !... Prisonnier ! Les sentinelles l'emmènent chez le vice-roi ! »

Un frisson de glace parcourut tous les membres de Polycarpa ; ses jambes fléchirent sous elle ; un vertige troubla sa vue.

Sans dire un mot, elle jeta sur son front une *mantilla* ; elle cacha un stylet dans les plis de sa robe, et elle se rendit au palais du vice-roi parmi la foule qu'avait rassemblée l'arrestation d'Antonio.

C'était dans une grande et vaste salle. Le prince et deux autres officiers interrogeaient le jeune homme : celui-ci répondait avec fierté et sans trouble.

Tout se trouvait presque fini : il ne restait plus qu'à porter la sentence, et les juges se mirent à la décider à voix basse.

Alors Polycarpa fendit la foule et marcha hardiment droit au vice-roi.

« Vous allez commettre une injustice, dit-elle : Antonio n'est point coupable : par amour pour moi, il s'est chargé d'un message ; mais il ignorait que les papiers clos en cette boîte fussent pour Santander : il les croyait des lettres adressées à mon père fugitif.

» Car je suis la fille de Salavarieta, de l'un des six braves qui dernièrement avaient fait complot de t'assassiner. Lui seul échappa aux meurtriers de ses généreux complices. »

— Elle vous trompe ! elle vous trompe ! s'écria Antonio.

— Pourquoi veux-tu mourir à ma place, quand je suis seule coupable, quand je t'ai, sans que tu t'en doutasses, entraîné dans l'abîme ? Vice-roi, je le jure, j'en atteste la sainte Madone, Antonio ne savait point de quels papiers il était porteur.

— Oh ! ne l'écoutez pas : son amour l'égare ! J'ai profité de son sommeil pour me mettre en route. Pauvre fille ! Elle ignorait jusqu'à mon départ.

— Tu mens ! Antonio ; tu mens, tu mens ; te dis-je ! »

À ces nobles débats, un murmure d'attendrissement se répandit parmi les spectateurs, malgré la présence des soldats espagnols qui gardaient toutes les avenues, et formaient derrière le tribunal une enceinte vivante.

Le vice-roi feignit de se laisser émouvoir.

« Antonio, dit-il, ta jeunesse et l'amour de cette fille me touchent. Tu mérites la mort, et tu vas la recevoir à l'instant si je ne te fais grâce : écoute, je veux te la faire. »

Polycarpa jeta un cri de joie.

« C'est à une condition, continua le prince : nomme-moi l'auteur de cette lettre, et je te rends la vie, la liberté. »

Antonio sourit dédaigneusement et garda le silence. Après avoir attendu quelques instants une réponse, le vice-roi prononça l'arrêt et donna des ordres pour qu'on le mît soudain à exécution. Après cela il prit à part la Colombienne

« Jeune fille, lui dit-il, sauve ton amant : avoue-moi maintenant, à voix basse, les noms qu'il s'obstine à taire : personne, je te le jure sur le salut de mon âme, personne ne saura de qui je les ai connus ; et je te rends Antonio. »

Elle détourna la tête, et se prit à pleurer avec amertume et à se tordre les mains.

« Parle, parle, hâte-toi !... Tiens, regarde : voici les soldats qui chargent leurs armes... Ils s'avancent, ils l'entourent, ils l'emmènent... Pauvre insensée ! À quel faux héroïsme tu sacrifies ton amant ! Il en est temps encore : nomme-moi les lâches qui le laissent périr en leur place. »

Polycarpa ouvrit les lèvres comme pour parler, mais elle ne proféra qu'un son confus, et puis elle s'écria : Opprobre à l'amante d'Antonio, opprobre à la fille de Salavarieta d'avoir conçu pareille pensée ! »

Un des conseillers du vice-roi s'approcha de lui et lui parla mystérieusement.

« Vous avez raison, répliqua le vice-roi : conduisez la sur le lieu du supplice : elle sera libre de racheter son amant, même encore lorsque les armes seront dirigées sur sa poitrine. »

On l'entraîna mourante. D'après les ordres du vice-roi, les apprêts de l'exécution ne se faisaient qu'avec lenteur. Ils n'étaient pas encore terminés, lorsque la foule vit arriver la jeune fille : on crut soudain qu'elle avait obtenu la vie de son amant, et les cris : « Grâce ! Il a sa grâce ! » s'élevèrent de toutes parts.

À ces cris, Antonio releva la tête et détacha son bandeau… Polycarpa était près de lui : à sa vue, il fit éclater un violent désespoir.

« Je ne veux point de votre grâce ; je n'en veux point… Malheur à moi ! Malheur à moi ! J'ai aimé une misérable indigne de mon amour !… Oh ! pourquoi ne suis-je pas mort quelques instants plus tôt ? Je n'aurais point su Polycarpa une dénonciatrice ! »

Elle revint à elle, elle lui tendit les bras ; mais il ne voulut même pas lui accorder un regard.

« Je suis digne de toi ! Je n'ai point parlé ; ils ne savent rien, proféra-t-elle avec effort.

— Sois donc bénie, ma Polycarpa ! sois donc bénie, fille digne de ton père et de ton amant ! Viens encore une fois sur mon cœur…

» À présent, je puis mourir. »

On les sépara… Les fusils se dirigèrent sur la poitrine du condamné… L'officier, son épée en l'air, porta les yeux sur Polycarpa : elle priait avec ferveur : « Il est temps encore ! » cria-t-il… Tout à coup la jeune fille chancela, tomba, fut couverte de sang : elle s'était poignardée.

L'officier fit un mouvement de son épée, et tout fut fini.

Polycarpa n'avait point vingt ans, et son amant était de six mois plus âgé qu'elle.

LA CHAMBRE D'AUBERGE

NOUVELLE FRANÇAISE

1825

> Or, oyez avec attention, et vous remémorez quand il fauldra les paroles que je vais vous dire : heur est anguille glissante et malaisée à saisir, qui fuit des mains qui l'étreignent, et les laisse quasiment plus vides que si onc elles n'eussent tenu le poisson fallacieux.
>
> (EUSTACHE PIERRET, *Enseignement moral sur les Passions humaines*)
>
> Massoud, après avoir tiré à grande peine sur le rivage les filets qu'il pensait contenir un énorme poisson, n'y trouva qu'un tas de boue empuanti.
>
> (*Les Mille et une Nuits*)
>
> Le fantôme moqueur, de son aile légère
> Trompe nos bras tendus qui pensaient le saisir,
> Et ne laisse en son lieu qu'une douleur amère,
> Et puis le repentir.
>
> (HELOÏSE PENNEQUIN, *Épître à une Sœur*)

C'est une après-dînée bien ennuyeuse qu'une après-dînée passée dans une chambre d'auberge, quand il pleut à verse et que l'on n'est pas connu d'une seule personne de la ville où l'on se trouve !

Veut-on s'asseoir ? Un fauteuil dur, incommode, plus haut ou plus bas, plus étroit ou plus large que celui dans lequel on se blottit d'ordinaire, met à la gêne et rend impossibles les rêveries capricieuses de l'imagination.

S'il prend fantaisie d'écrire, le bureau ne se trouve point parfaitement d'aplomb ; l'étroite tablette ne permet pas au coude de s'étayer, à la main gauche de soutenir et d'échauffer mollement le front ; l'encre est épaisse, la plume crie, le papier boit.

Le moyen de concevoir, d'exprimer une seule idée ?

Et puis on cherche vainement autour de soi la tapisserie à grandes fleurs qui s'entrelacent, les cadres dorés qui pendent à de longs rubans, les portraits de famille qui semblent sourire. Si les regards se portent du côté des fenêtres, ils n'aperçoivent à travers les vitres que des objets inanimés, inconnus !

Hélas ! Il ne reste même pas la ressource de dormir, car l'ennui fatigue de je ne sais quel malaise physique, agace de je ne sais quelle irritable agitation : on se lève, on s'assied, on marche, on s'arrête, pour se rasseoir, se relever, marcher et s'arrêter de nouveau.

Du moins, voilà ce que j'éprouvais, il y a cinq années environ, dans l'auberge du Signe de la Croix, à quarante lieues de Paris, et durant mon séjour de vingt-quatre heures dans une petite ville aux environs d'Orléans.

Enfin, impatienté de ne savoir sur quel objet porter mon imagination, j'allai, en désespoir de cause, m'appuyer le front contre les rideaux d'étamine que deux petites tringles tendaient sur les quatre vitres inférieures de la fenêtre : dans cette position, je me mis à regarder la pluie qui tombait en jaillissant sur le pavé, coulait et s'enfuyait en larges ruisseaux.

Mais l'étamine grossière imprimait sur mon front, en petits sillons rouges et avec une démangeaison presque douloureuse, les gros fils croisés de son tissu : dans mon dépit, j'arrachai brusquement le rideau.

Il tomba en se repliant sur lui-même, et me laissa voir quelques mots gravés sur une vitre, sans doute à l'aide d'un diamant :

JULIE ET CASIMIR

4 septembre 1819

En ce moment, mon hôtesse m'apportait à dîner.

Il faut dire que la bonne femme, témoin de l'ennui qui m'agitait, s'était mise en quatre pour me procurer des moyens de distraction.

Elle avait rassemblé sur ma table tous les livres qui se trouvaient chez elle : un volume dépareillé de *Florisa*, ou l'*Amour vertueux* ; deux autres mauvais romans à six sous le volume, et *le Terrible Montbard l'exterminateur*.

Je n'avais pu en lire quatre pages.

Dans son empressement, elle avait même emprunté de son voisin, ménétrier aveugle, un violon des plus mauvais, et dont je ne me serais pas moins servi pour tromper l'ennui et la longueur du temps.

Mais il manquait deux cordes à l'instrument, et il ne se trouvait pas dans la petite ville de quoi les remplacer.

La bonne femme ne savait à quel saint recourir pour dissiper la tristesse de ma physionomie et clore mes bâillements.

Quand elle me vit contempler attentivement et avec une sorte d'intérêt les deux lignes gravées sur la vitre, elle fit un sourire, et posa sur la table les assiettes de faïence dont ses mains et ses bras étaient chargés.

« Oh ! mon bon monsieur, dit-elle en avançant près de moi et en s'asseyant, car la charge était lourde et l'escalier des plus raides ; oh ! mon bon monsieur, ces deux-là ne s'ennuyaient point comme vous, je vous l'assure : ils étaient pourtant bien malheureux !

» C'est une histoire que je veux vous conter. Laissez-moi seulement recorder ma mémoire un petit moment. »

Elle passa lentement alors sur son front hâlé une main brune et nerveuse, et se prit à parler comme on va le voir :

« Il y a bien des années de cela ; c'était la première année que je tenais cette auberge : un jeune homme et une femme arrivèrent ici et vinrent se loger dans ma maison.

» Je fus huit jours à chercher en vain pour quels motifs ils y étaient venus : renfermés jusqu'à la nuit dans leur chambre, ils n'en sortaient que pour faire une promenade de longue durée ; ensuite ils rentraient sans parler à personne : du reste, fort exacts à me payer au bout de la semaine ce qu'ils me devaient.

» Un dimanche, la jeune dame descendit, suivant sa coutume, pour me remettre mon argent. Elle demanda ensuite du charbon de bois, et remonta dans sa chambre. Je crus observer que ses yeux étaient rouges, comme si elle eût pleuré bien fort, et je m'arrêtai d'autant plus à de pareilles idées, que ce soir-là ils ne sortirent point pour se promener.

» Nous étions, mon mari et moi, couchés à peine depuis une heure, lorsqu'une chaise de poste s'arrête à la porte de l'auberge : vous sentez bien que nous ne nous fîmes pas dire deux fois de nous lever.

» Et vite et vite, nous courons ouvrir. Sauf votre respect, j'avais pris à peine le temps de mettre une jupe et de jeter un mouchoir sur mes épaules.

» C'était un monsieur qui paraissait bien dangereusement blessé, car il avait la tête toute pleine de sang : cela faisait mal à voir. L'un de ses domestiques (le monsieur en avait trois) m'apprit qu'il avait fait en route une chute de voiture.

» L'embarras était de le mettre coucher quelque part. Vous savez, mon cher monsieur, qu'il ne se trouve ici que deux chambres décentes : la nôtre, qui n'était pas encore arrangée en ce temps-là, et celle où vous êtes.

» Allons, fis-je à mon mari, ces deux bons jeunes gens voudront bien, j'en suis sûre, prêter pour une seule nuit à une personne comme il faut, et blessée si fort, leur chambre commode et leur lit excellent : je vais leur demander.

» Sainte-Vierge !... Mon cher monsieur, quand j'ouvris leur porte, je faillis tomber de mon haut.

» Je n'eus que le temps de sortir et de m'appuyer contre le mur.

» Ils avaient allumé au milieu de leur chambre un grand monceau de charbon ; et je vis à la lumière bleue de ce charbon, je vis les deux pauvres enfants couchés, immobiles et pâles comme des trépassés.

» J'ouvris une fenêtre, et j'appelai au secours : mon mari, les domestiques de l'étranger, l'étranger lui-même accoururent, tant j'appelais fort.

» En entrant, l'étranger crie : « Mon fils !... » et il tomba lui-même comme mort.

» Quand le jeune homme revint à lui et commença à ouvrir les yeux, son père le pressait dans ses bras, ses domestiques l'entouraient.

» Il porta autour de lui des regards étonnés, et puis il détourna la tête.

» Alors le monsieur nous fit signe à tous de sortir.

» Le lendemain, ils se mirent en route tous les trois dans la chaise de poste du vieux monsieur, et je n'aurais jamais pu savoir à fond une histoire si curieuse : car ils me payèrent avec générosité, mais sans m'expliquer en rien la scène de la veille.

» Mais, heureusement, le postillon qui les avait conduits s'était mis dans les bonnes grâces du valet de chambre du père. Je ne sais comment il s'y prit pour cela ; car le valet de chambre se montrait insolent comme un seigneur, et me traitait, moi, de même que si j'eusse été la dernière des dernières servantes.

» Pour en revenir à mon histoire, voici ce que le valet de chambre dit au postillon :

» Le jeune homme s'était pris d'amour pour la jeune fille orpheline qui n'avait pas d'argent du tout : le père s'était opposé à leur inclination. »

» Alors ils s'enfuirent se cacher bien loin de leur pays, dans mon auberge, et, quand ils ne se virent plus de quoi vivre, ils résolurent de se tuer.

» Heureusement leur père, qui les croyait à Paris et qui s'en allait à leur recherche, arriva à temps pour les sauver d'un pareil malheur.

» Touché cette fois de leur désespoir, il pardonna, et puis il leur promit de les marier, ce que je suis bien sûre qu'il a fait. »

L'histoire de mon hôtesse m'avait presque attendri, et s'empara fortement de mon imagination de jeune homme. Le soir même, dans la chambre de l'auberge où s'étaient passés les évènements contés par mon hôtesse, je transcrivis les pages qu'on vient de lire.

Deux années s'écoulèrent, et j'avais totalement oublié les amants et leur aventure.

Un soir, je fus invité à passer la soirée chez un de nos peintres célèbres. Quand j'allai saluer l'artiste, je le trouvai discutant avec un homme au maintien grave et pensif : le mariage faisait le sujet de leur entretien.

Le peintre soutenait chaleureusement que, sans amour, il ne saurait être d'union heureuse.

Son adversaire établissait que de tels mariages ne pouvaient être que malheureux.

« Malheur, s'écria-t-il après de longs développements, malheur aux insensés qui cherchent dans une pareille union la réalité de leurs rêves fantastiques de bonheur et de tendresse ! Malheur à eux ; car, bientôt cruellement désabusés, ils se tordront les mains avec désespoir et maudiront leur funeste erreur !

— Monsieur, lui répondis-je, je pourrais vous citer deux personnes qui, j'en suis sûr, combattraient victorieusement vos raisonnements paradoxaux : » je me mis alors à conter l'histoire de la chambre d'auberge.

Elle émut vivement l'artiste : « Eh bien ? Monsieur... » demandai-je.

— Eh bien ! répondit mon adversaire, à peine marié d'un an, votre malheureux jeune homme aura déploré la faiblesse de son père : déchu par sa mésalliance de la position sociale où il se trouvait, privé de la fortune qu'il aurait acquise par une union convenable, par la dot qu'il était en droit de trouver chez une épouse, il aura végété toute sa vie.

» Hélas ! Il aura subi des maux plus grands, plus réels encore !

» Bientôt, à l'amour romanesque des deux amants, à leurs extases enivrantes auront succédé la satiété, l'indifférence, la froideur, le dégoût. Qui sait ? Peut-être cherchent-ils aujourd'hui en d'autres affections les chimères qu'ils avaient cru trouver dans leur folle union.

Voilà, oui, voilà l'existence de votre Casimir et de sa compagne ! »

— Vous connaissez donc le héros de cette aventure ? » demanda le peintre surpris.

Or, je n'avais point dit quels noms se trouvaient gravés sur la vitre.

Celui à qui s'adressait la question du peintre ne l'entendit pas ou feignit de ne pas l'entendre, car il s'approcha d'une table de jeu sans répondre. Peu d'instants après, un jeune homme vint l'avertir que sa femme désirait s'en aller.

Il jouait alors, et cet avis répandait sur son visage une expression non équivoque de mauvaise humeur.

« Mon oncle, continua le jeune homme, si vous désirez rester, je reconduirai ma tante.

— Allez, Alfred, » répondit-il.

Et le jeune homme, joyeux, courut vers une femme pâle et qui, plus d'une fois durant la soirée, avait échangé avec lui des regards de tendresse.

Il pressa doucement le bras qui vint s'appuyer sur le sien, et je crus observer que ce bras lui rendait son étreinte.

La maîtresse de la maison salua d'un sourire et d'une amicale inclinaison de tête la dame qui sortait.

« Quelle est cette dame ? lui demandai-je.

— Madame Casimir de Beausencourt. »

LE MADRIGAL

ANECDOTE FRANÇAISE

1672

> Et la grande raison, c'est que j'en suis l'auteur.
> (MOLIERE, *Femmes savantes*, acte III)

Apparemment la conversation avait été fort tendre ; car la duchesse de Ventadour ne songeait pas à retirer une main que le duc d'Enghien couvrait de baisers, et elle le laissa faire lorsque, dans un beau transport, le jeune prince se mit à ses genoux.

Tout à coup, elle s'arracha de ses bras et courut à la fenêtre.

« Un carrosse !... C'est lui ! C'est lui ! Nous sommes perdus ! Comment nous dérober à ses regards ? Mon Dieu ! Mon Dieu ! Je suis perdue ! Il va monter chez moi... Je l'entends... Ce cabinet... Ici ! Ici !... Entrez ! cachez-vous ! »

Elle ferma la porte du cabinet, en tira la clef qu'elle déposa dans son sein, et se laissa aller sur un fauteuil, tâchant de déguiser le moins mal possible le trouble qui l'agitait.

Au même instant, le duc de Ventadour, écumant de rage, se précipita dans l'appartement, qu'il se mit à parcourir, les poings serrés et le chapeau enfoncé sur les yeux.

« Têtebleu ! Palsambleu ! » jura-t-il avec énergie ; et puis, empoignant son chapeau, il le lança violemment contre la cheminée, où il accrocha un flambeau et deux magots : les figures de porcelaine tombèrent sur le plancher et s'y brisèrent en cent morceaux.

Ce bel exploit n'apaisa pas la colère du duc, et sembla même la redoubler.

Pour tout autre que pour sa femme, il aurait été amusant de voir se démener de la façon et blasphémer à cœur joie le drôle de petit bossu dont Bussi-Rabutin nous a laissé le portrait : « Ésope, qu'on nous représente comme un magot, dit l'auteur de l'Histoire amoureuse des Gaules, Ésope était un ange auprès du duc de Ventadour ; car il est de la taille d'un nain, a le nez et les lèvres horribles, et, pour achever de le peindre, il lui sort des unes une écume perpétuelle, et de l'autre une matière dont on reprend souvent les petits enfants. Si l'on examine le reste, c'est encore pis, si cela peut se dire : il est bossu devant et derrière, a les bras plus courts l'un que l'autre, et, jusqu'aux jambes, on ne voit rien qui ne fasse peur. »

Cet étrange petit corps aurait payé tout au monde pour que là duchesse lui donnât la moindre occasion de s'emporter et de décharger sur elle la colère qui le transportait ; mais elle connaissait l'homme : et d'ailleurs, comme elle croyait que la visite clandestine du prince était cause de tout ce tapage, elle se tenait coite et se gardait bien de souffler un mot.

« Corbleu ! Morbleu ! Jarnibleu ! reprit le duc en s'arrêtant devant elle et en croisant les bras, il faut le dire, me voilà sur un beau pied à la cour !... Vertubleu ! Pour me soustraire au ridicule dont on m'accable, il ne me reste qu'à m'enterrer dans une de mes terres. Mais, ajouta-t-il avec un serment effroyable et en portant la main à son épée, il ne sera pas dit que j'en viendrai là sans vengeance : ceux qui sont cause de tout ceci me le paieront cher ! »

La duchesse frissonna de tous ses membres, car il lui semblait déjà qu'elle recevait le coup mortel.

« Par le sang ! reprit Ventadour en s'animant de plus en plus et en attachant sur sa femme des regards flamboyants, j'admire votre beau sang-froid ! Ne dirait-on pas que tout ceci ne vous est de rien ? »

Pour le coup, la pauvre dame se mit à réciter mentalement son *in manus*.

« Me voilà la fable de toute la cour, bafoué par le roi lui-même ! Et pour qui ? Pour un homme de bas lieu, pour un cuistre de faiseur de vers ! »

La duchesse respira fortement, car elle sentit à ces paroles un poids bien lourd s'en aller de dessus sa poitrine.

« Qu'en est-il donc, et pourquoi un pareil désespoir ? » demanda-t-elle, délivrée des plus rudes transes qu'elle eût éprouvées.

— Figurez-vous que Benserade a lu, hier soir, au petit coucher du roi, l'Epître dédicatoire de l'ouvrage que Sa Majesté fait imprimer si richement en son imprimerie royale.

— Je sais : les Métamorphoses d'Ovide en rondeaux. Madame de Luddres, qui se mêle de bel esprit, m'en a parlé l'autre jour.

— On s'est extasié devant ce morceau ! Le roi a renchéri par-dessus les éloges de chacun, et a voulu faire tirer copie de la Dédicace ; c'était à qui l'imiterait : j'ai fait comme tout le monde, quoiqu'à vrai dire ces sortes de choses ne me touchent guère. Tenez, lisez : voilà ce damné papier, cause de mes chagrins. »

La duchesse lut à haute voix :

LETTRE DÉDICATOIRE EN RONDEAU,

A MONSEIGNEUR LE DAUPHIN.

À monseigneur, monseigneur le dauphin :
Comme je sçay que vous êtes enclin
À feuilleter quelque livre qu'on ose
Vous dédier, et comme en toute chose
Vous faites voir un goust exquis et fin,
Je suy ma pente, et l'ordre du destin
Qui me dit : « Va, porte, en beau maroquin,
Tes rondeaux faits sur la métamorphose
    À monseigneur »

— Cela est aimable et d'un tour gracieux.

— Eh bien !... Morbleu ! Un pareil souvenir me fait bouillir de colère !... Nous attendions le roi pour courre un cerf. Poquelin, Racine et ce fat de Despréaux devisaient ensemble dans l'embrasure d'une fenêtre : il me prit fantaisie de leur montrer le rondeau de Benserade. C'est le diable, je crois, qui m'a mis dans l'idée de faire un tel honneur à ces petites gens que, certes, l'on ne devrait pas voir dans le palais du roi, avec ce qu'il y a de mieux et de plus haute naissance.

» Tenez, messieurs, leur ai-je dit, vous qui vous piquez de versifier, voici quelque chose de joliment tourné et dont il faut que je vous régale. Je me mis à lire le rondeau : Racine baissa les yeux, Poquelin fit un de ces soupirs tristes et douteux qu'on lui connaît, et Despréaux me demanda effrontément quel était l'auteur d'une si misérable rapsodie.

» Palsambleu ! m'écriai-je, vous faites bien le renchéri ! Vous vous estimez plus haut sans doute que les plus nobles du royaume, et que le roi lui-même, qui louangeait beaucoup ce rondeau hier à son petit coucher !

« Je me connais mieux en vers que le roi, » me répondit l'impudent rimailleur.

» Oh ! si ce n'avait été le respect du lieu où je me trouvais, j'aurais brisé les os de ce fat ; mais je me contins de mon mieux, et, tournant les talons, j'allai conter cette histoire à La Ferté, qui m'en témoigna son indignation.

» À quelques instants de là, des chambellans annoncèrent Sa Majesté : la physionomie du roi exprimait la bonne humeur, et il daigna s'entretenir avec Biron, d'Aumont et moi : « Messieurs, nous dit-il après divers propos, il faut que je vous consulte sur un madrigal dont je serais bien aise d'avoir votre avis.

» Votre Majesté ne peut mieux tomber pour en avoir un bon, répliquai-je ; car voici le sieur Despréaux, qui se vantait naguère de se connaître en poésie mieux que Votre Majesté elle-même.

« Et il a raison assurément, Ventadour, » répliqua le roi en souriant.

» Le rouge me monta au visage... Me faire une pareille réponse ! Et encourager ainsi l'insolence... de qui ? D'un barbouilleur de papier !... Mais le roi, si sévère pour sa noblesse, tolère cette canaille au dernier point : il rit des propos d'un Despréaux, et il vient d'exiler Tilladet pour avoir assommé un huissier qui avait osé faire saisir son carrosse !

» Mon embarras était fort grand, je vous l'ai dit ; et le roi, excité par Biron et autres pasquins de cour, reprit en ces termes : « Vous vous mêlez donc aussi, Ventadour, de juger des vers ? Je ne l'aurais pas cru : eh bien ! Écoutez, je vous prie, ce madrigal, et voyez si vous en avez jamais vu un si impertinent. Parce qu'on sait que j'aime les vers, on m'en apporte de toutes les façons. Tenez, Racine, lisez à voix haute, pour que chacun entende.

» Sur mon honneur, sire, m'écriai-je quand le sieur Racine eut fait, Votre Majesté juge divinement bien de toutes choses : il est vrai que voilà le plus sot et le plus ridicule madrigal que j'aie jamais lu. »

Le roi se prit à rire : « N'est-il pas vrai que celui qui l'a fait est bien fat ?

— Sire, il n'y a pas moyen de lui donner un autre nom. »

Ici, il prit au duc un nouvel accès de désespoir : il frappa du poing avec violence, et se remit à marcher précipitamment.

« Eh bien ? demanda la duchesse.

— Eh bien ! s'écria le duc en s'arrachant les cheveux, le roi me dit qu'il était l'auteur du madrigal, et qu'il était ravi que je lui eusse si bonnement parlé.

» Ce fut, vous le sentez bien, un éclat de rire général. Biron, Vardes, Châteauneuf, et La Ferté lui-même qui naguère partageait si fort mon courroux contre Despréaux, m'accablèrent de leurs brocards sur mon bon goût : le roi se pâmait dans son fauteuil, et il eut bien de la peine à comprimer la gaîté bruyante qui me désespérait.

» Allons, messieurs, dit-il en s'efforçant de reprendre sa gravité, allons courre le cerf.

« Je croyais la chasse terminée, murmura à mi-voix ce Biron, qui ne manque jamais de donner un coup de pied à un homme qui tombe : Votre Majesté ne vient-elle pas de mettre un cerf aux abois ?... » Corbleu ! ma dame, je n'attache pas grand prix aux discours de ce bouffon ; mais, si jamais vous donniez lieu à de pareils propos !... On est parti pour la chasse, et moi je suis monté dans mon carrosse et revenu ici, désespéré et hors de moi. »

Madame de Ventadour calma son mari du mieux possible ; et, lorsqu'elle fut parvenue à l'éloigner de son appartement, elle courut ouvrir au duc d'Enghien : le jeune prince, grâce à une soubrette adroite, s'esquiva sans malencontre.

Le duc d'Enghien devint, presque à dater de ce jour-là, l'ami intime du duc de Ventadour ; et chacun s'en émerveilla, car le petit bossu, généralement méprisé, était un ridicule objet d'amusement pour chacun. Mais, à six mois de là, il redevint pour Ventadour froid, dédaigneux et chagrin ; car c'était un seigneur très-hautain et fort fier de son titre de prince du sang.

L'INSOMNIE

Nouvelle napolitaine

1750

> Oh ! Si vous saviez le mal que j'ai là !
> (Shakespeare, *Le Roi Lear*)

Oh ! Qu'une nuit est longue, une nuit sans sommeil, une nuit de France, une nuit d'hiver, quand la tempête mugit comme elle le fait, et vient jeter contre mes fenêtres qu'elle ébranle de froids tourbillons de neige !... Ne me sera-t-il plus donné désormais de dormir d'un sommeil doux et profond, d'un sommeil qui rafraîchisse mon sang, et que des rêves affreux ne rendent point plus funeste qu'une insomnie brûlante ?... Si je pouvais écarter le souvenir qui se tient toujours là devant moi, qui me dessèche, qui me tue !... Si je pouvais redevenir heureux et calme comme je l'étais à Naples !

Naples !... Oh ! S'ils la voyaient ceux qui me vantent leur France ! S'ils quittaient leurs froides villes où, pour dormir, il faut se surcharger de plus de vêtements qu'il n'en faudrait à Naples pour vêtir toute une famille ! S'ils se trouvaient le soir au Môle, dans la rue de Tolède, à Kiapa !... Je souris de leur surprise à la vue d'un spectacle aussi merveilleux, d'un spectacle comme jamais leurs regards n'en ont admiré.

D'abord, on ne voit qu'une étrange confusion d'hommes, de femmes, d'enfants, de voitures ; une masse énorme, sombre, agitée, dans laquelle scintillent et flottent d'innombrables fallots. On ouït un mélange assourdissant de voix et de cris. Ce sont des milliers de pieds qui marchent ; ce sont des milliers de roues qui courent, se croisent et crient sur ce pavé de laves qu'elles broient. On dirait les vagues mugissantes de la mer qui s'amoncellent, s'écartent, s'entrechoquent, puis se séparent, puis se rapprochent, puis se confondent pour s'enfuir de nouveau.

Malédiction !... C'est là que je l'ai vue pour la première fois, là que j'ai suivi des yeux la voiture légère qui l'entraînait, là que j'ai dit : « Il faut qu'elle soit à moi ! » En vain de sages amis me répétèrent qu'elle était Paola, la coquette Paola, la sœur du pauvre cavalier romain Pietro del Monte Nuovo : « N'importe ! Il faut qu'elle soit à moi ! »... Et le lendemain j'avais serré la main de Pietro, et il m'avait juré : « Tu seras mon frère ! »

Je la voyais chaque jour ; et, quand j'attachais sur elle des regards enflammés, elle baissait languissamment les siens, rougissait, et les relevait sur moi avec tendresse ; quand, éperdu d'amour, je lui disais : « Paola, ma Paola, je t'aime ! », elle abandonnait sa main à mes baisers, et une vive émotion faisait hâter les ondulations de son sein.

J'étais heureux !... Oh ! Jamais saint ne goûta dans le paradis une joie plus suave ; jamais âme de prédestiné ne s'épancha en des délices plus ineffables !... Damnation éternelle ! À ces souvenirs d'un bonheur perdu, perdu pour toujours, une rage horrible resserre mon cœur, fait haleter ma poitrine !... Ce désespoir m'étouffe !... Mes poings se serrent convulsivement !...

Je la quittais, enivré de tendresse... Une lettre m'est remise par un inconnu : elle m'apprend que chaque nuit un homme pénètre chez Paola... Je cours chez Pietro : il lit le fatal papier... Sans proférer un mot, nous ceignons nos épées, nous nous cachons près des fenêtres de la perfide.

Par le démon ! Sa trahison est vraie !... On crie : « Paola, l'échelle de corde ! » Elle la jette : il monte... Vengeance !... Je m'élance sur ses traces ; il disparaît dans l'obscurité, et je me trouve au milieu des parents de Paola... Vingt poignards se posent sur ma poitrine : on me nomme perfide, lâche, traître, suborneur !

« Non ! m'écriai-je, ce n'est pas moi qui suis un perfide, c'est elle : ce n'est pas moi qui suis un suborneur, c'est celui que chaque soir elle introduit chez elle. »

— « Oh ! De quelle calomnie le misérable punit ma faiblesse et mon amour ! » voilà les paroles de Paola en feignant de s'évanouir.

— « Ton frère, ton frère, Paola, dira la vérité !... Lui aussi connaît ton crime : lui, dira si je suis un suborneur ! »...

Au même instant, des valets éperdus apportent un cadavre... Je reconnais Pietro !... On répète vengeance autour de moi... Un vertige affreux, une angoisse inexprimable m'étourdissent, m'accablent, me frappent de délire... Depuis lors, tout ce qui se passa me parut un rêve malfaisant et au milieu duquel il m'était impossible d'agir, de penser... Je vis tournoyer devant moi une chapelle, un prêtre, une femme, des hommes, des poignards... et, quand je recouvrai connaissance, Paola reposait à mes côtés.

Jetant un cri d'horreur, je m'élançai loin de cette couche infâme ; je courus sur le port : un vaisseau me reçut, et je fuis pour toujours Naples et l'Italie. Je laissai à Paola mes biens, mes trésors, tout ce que je possédais au monde : c'est le prix de la trahison ; c'est le prix de l'adultère ; c'est le prix du meurtre de son frère... Que son sang retombe sur la tête de la coupable !

Oh ! S'il m'était possible de me délivrer d'un pareil souvenir ! Si je pouvais, seulement une nuit, seulement une heure, dormir d'un sommeil paisible et sans rêves affreux !... Car une nuit est si longue !... Une nuit sans sommeil, une nuit de France, une nuit d'hiver, quand la tempête mugit comme elle le fait, et vient jeter contre mes fenêtres qu'elle ébranle de froids tourbillons de neige !

LE BAPTÊME
D'UNE CLOCHE

NOUVELLE FLAMANDE

1820

> Elle a passé comme l'herbe des
> champs ! Le matin elle fleurissait, avec
> quelle grâce, vous le savez ; et le soir
> elle était flétrie et foulée aux pieds.
> (BOSSUET, *Oraison funèbre*
> *de madame Henriette*)

Que l'on est bien, le matin, dans un vaste et doux fauteuil, près d'un bon feu qui pétille, et devant une petite table ronde où se trouve une lampe qui fait reluire des rayons jaunes sur quelques volumes de Rabelais, de Montaigne ou de Walter Scott ! Que l'on est bien ! Oh ! Que l'on est bien ! On est enveloppé d'un air tiède et voluptueux ; un sang frais et calme circule dans les veines ; on éprouve ce je ne sais quel bien-être physique qui dispose l'imagination à un laisser-aller délicieux, fantastique mélange des souvenirs du passé, des jouissances du présent, des projets de l'avenir : c'est une existence idéale qui change à chaque instant de lieu, se reproduit sous mille formes diverses, et enfante les rêveries les plus bizarres, les plus suaves, les plus burlesques, les plus attendrissantes, les plus impossibles, les plus enchanteresses ; c'est un roman improvisé ; c'est un drame à la manière de Shakespeare, un drame qui promène d'un cimetière à un bal, d'un baiser à un massacre. Enfant, on agite des hochets ; puis, soudain vieillard, on médite ; on frissonne parmi les neiges, on s'assied haletant sous un ciel de feu ; puis, ce sont de mystiques transports de l'amour, d'abstraites théories philosophiques, des calculs étroits d'intérêt, des méditations profondes, l'infini, l'éternité ; une grande pensée enfante une pochade risible, et du cauchemar le plus saugrenu jaillit une émotion sublime.

Qu'il est pénible de s'arracher à l'imaginaire pour rentrer dans le réel, de quitter son vaste et doux fauteuil, l'atmosphère attiédie de son cabinet, pour s'accroupir dans un rude chariot ! Encore si sa légère tente de toile pouvait protéger contre la bise ! Si du moins un feuillage vert et frais, des champs de jaunes épis qui se balancent comme des vagues, s'offraient à la vue durant le chemin ! Mais les feuilles rouges et desséchées sont tombées des rameaux pour joncher la terre, d'où les élèvent parfois des tourbillons glacés ; et le regard a beau s'étendre aussi loin qu'il le peut, il n'aperçoit que des plaines brunes méthodiquement sillonnées par la charrue.

Et puis, rien n'est plus contraire aux caravanes de l'imagination, rien n'empêche davantage d'enfourcher son *dada*, comme dirait Sterne, que le malaise physique, lorsque le froid brûle les yeux, rougit le visage, étreint douloureusement les membres raidis. Si j'avais pu, du moins, me soustraire aux durs cahots qui m'endolorissaient de toutes parts ! Mais de larges et boueuses ornières, puis une pluie froide, me tenaient captif dans la voiture.

J'étais triste, mécontent. J'aurais donné bien des choses pour avoir refusé l'invitation que m'avait faite mon ami d'enfance, le bon Anselme, d'assister au baptême d'une cloche destinée à l'église dont il est curé depuis dix ans.

Un cri de joie qui se fit entendre quand la voiture s'arrêta, deux grosses mains qui pressèrent les miennes, deux yeux brillants de larmes de plaisir, me dédommagèrent amplement des petites tribulations de mon voyage. En une minute, je fus porté plutôt que conduit près d'un âtre brûlant : on m'assit devant une table surchargée de mes mets favoris ; et le bon, l'excellent Anselme, placé devant moi, me contemplait avec ses regards émus délicieusement par la vue d'un ami chéri, d'un ami d'enfance.

Bientôt nous nous trouvâmes au milieu des souvenirs de collège ; et nous passions en revue tous nos camarades, en nous demandant : « Qu'est devenu celui-là ? »

Et le bon Anselme qui, dans sa paisible retraite, était demeuré ignorant du monde et ne se trouvait désabusé d'aucun des prestiges d'une imagination fervente et vertueuse ; Anselme, encore tout entier sous le charme des illusions de sa jeunesse, s'étonnait en apprenant les destinées si différentes de ceux parmi lesquels nous avions vécu si longtemps en frères.

Tandis que nous nous ébahissions, que nous riions, que nous nous attendrissions, une horloge antique sonna dix heures : il fallut nous séparer : Anselme me quitta pour se préparer à remplir les devoirs de son ministère, et me donna rendez-vous à l'église. « C'est madame Caroline qui est la marraine de la cloche ! » me dit-il en sortant.

Ce n'était point la première fois qu'Anselme me parlait de madame Caroline : ce nom était dans toutes ses lettres ; des épithètes admiratives l'escortaient toujours, et je trouvais naturel que le simple et bon prêtre s'extasiât devant la femme du seul riche propriétaire qui habitât dans le village. Aussi la manière emphatique dont Anselme, en me quittant, prononça le nom de madame Caroline, ne produisit point sur moi une impression plus grande que les éloges que j'avais lus naguère.

Par je ne sais quelle puérilité d'amour-propre, ce ne fut seulement qu'après avoir examiné attentivement les carreaux gothiques de l'église et la foule pittoresquement rassemblée contre la grille du chœur, que je portai mes regards sur le groupe principal.

Oh ! Combien Anselme avait raison de me vanter madame Caroline !

C'était une jeune femme avec de beaux cheveux noirs, de grands yeux bleus pleins de tendresse, une carnation fraîche et pure, une physionomie angélique et radieuse comme peut seul en donner le bonheur. Sa taille annonçait qu'avant peu de jours elle serait mère, mère pour la première fois et son mari était là près d'elle : à l'émotion de ses regards, je compris qu'il savait apprécier l'ange qui se tenait à ses côtés.

Dès lors, toutes les bonnes gens agenouillées autour de l'autel, les nuages embaumés et diaphanes de l'encens, la clarté mystique des cierges, les jeunes filles voilées, les couronnes de fleurs dont elles couvraient la cloche, tout cela perdit son charme, tout cela disparut à mes yeux : je ne vis plus que la créature céleste, qui n'interrompait sa fervente prière que pour jeter un regard d'amour sur son époux.

Anselme, après la cérémonie, vint me dire : « Nous dînons au château. » Je tressaillis de joie, et me hâtai d'accompagner mon ami. Me souvenir de ses longs propos, durant que nous cheminions, me serait chose impossible : mes oreilles entendaient des paroles, mais mon imagination ne les écoutait pas.

Quand nous entrâmes dans le salon, madame Caroline était devant un piano : penché sur le dos de sa chaise, son mari l'écoutait en silence. Lorsqu'elle nous vit, elle cessa de chanter : j'aurais donné tout au monde pour entendre, quelques instants, les accents de cette voix suave.

Heureux comme jamais homme ne le fut, le mari de madame Caroline sentait le besoin de parler de son bonheur... Nous étions ensemble à peine depuis un quart d'heure, que nous nous étions compris l'un et l'autre : unis par une sorte de franc-maçonnerie intellectuelle, nous devisions avec l'épanchement de deux vieux amis intimes.

Il était riche, il était aimé, il allait être père ; il pouvait faire du bien, beaucoup de bien : aussi, pas une idée sombre ne s'offrait à lui pour l'avenir ; tout pour lui paraissait riant, heureux, délicieux. Quand il prononçait le nom de sa femme, un sourire pur et doux entrouvrait ses lèvres ; quand il parlait de son enfant qui allait naître, une expression radieuse et indicible épanouissait tous ses traits.

Folâtre, naïve, tendre, madame Caroline se mêlait à ces propos riants. Jamais de ma vie je n'ai fait repas aussi délicieux. Quand il me fallut partir, je me sentis triste et soucieux. On me fit cordialement l'invitation de revenir à quatre jours de là : vous sentez bien que j'acceptai avec empressement. « Tant mieux ! me dit Anselme, tu entendras sonner ma cloche : elle sera posée. »

Rentré chez moi, je me trouvais agité d'une secrète inquiétude et d'une mélancolie pénible ; outre cela, je me sentais en proie à je ne sais quel vague besoin que je n'aurais pu définir : tout semblait vide, désert autour de moi ; et j'accusais de sécheresse et d'isolement l'indépendance du célibat, naguère encore si précieuse à mes yeux.

Quatre jours s'écoulèrent. La gelée avait rendu praticables les chemins : je partis à pied pour me rendre au château.

Je ne distinguais qu'imparfaitement encore la petite tourelle de l'église, quand vint à retentir le son plaintif d'une cloche : mon cœur, sans motif, se resserra de tristesse. Je hâtai ma marche... Tout se trouvait en désordre dans le presbytère ; Anselme fondait en larmes. « C'est pour annoncer le trépas de madame Caroline que la cloche sonne pour la première fois, s'écria-t-il en se jetant dans mes bras : elle est morte ce matin, en donnant le jour à un enfant mort. Son mari succombera à de si rudes coups : je viens de le laisser agonisant lui-même. »

Je revins morne, et m'énumérant avec effroi toutes les chances de bonheur sur lesquelles comptait, la veille encore, l'infortuné maintenant si à plaindre.

Une année après les évènements que je viens de conter, de retour d'un long voyage, il me tardait de revoir Anselme, et je partis pour le presbytère. Chemin faisant, j'entendis le son de la cloche, et ses tintements ajoutèrent encore à l'amertume des tristes souvenirs auxquels j'étais livré. Je m'informai, d'un enfant en habit de fête, pour quel motif on sonnait la cloche : « Oh ! Monsieur, me dit-il, c'est pour la noce du mari de madame Caroline. »

LA CROIX DE PIERRE

NOUVELLE ESPAGNOLE

1824

> Est-ce lui ? Non, ce n'est que le bruit
> du feuillage.
>> (SHAKESPEARE, *Le Roi Lear*)

La foule sortait de l'église cathédrale de Saint-Sébastien, et s'épanchait en groupes bruyants et animés sur les marches du temple et sur la place du Castillo.

C'était un spectacle comme l'Espagne seule en peut offrir que ce mélange pittoresque de costumes bizarres et gracieux : des moines à la tête rase, à la robe grise ou blanche, marchaient gravement à côté de jolies paysannes : celles-ci, folâtres et légères, devançaient les plus hâtés. On s'émerveillait de voir ces charmantes filles, riantes et verdissantes comme la Suzanne de Figaro, relever avec coquetterie les longues tresses de cheveux qui flottaient sur leurs épaules, et croiser leurs bras demi-nus sur un corset élégant, dont la couleur brune formait avec une jupe blanche un de ces contrastes si chers aux Espagnols. Des mendiants rassemblés en bandes, et qu'enveloppaient des manteaux malpropres, tendaient une main crasseuse pour recevoir l'aumône cédée à leurs importunités et à la crainte qu'inspire leur aspect hideux. Et puis, c'étaient des hommes enveloppés de leur cape foncée à capuchon et du large béret, desquels s'échappaient de longues boucles de cheveux ; puis des señoras aux voiles noirs ou blancs ; puis de jeunes élégants vêtus à la mode française ; puis des étrangers, dont le teint blanc et délicat contrastait au milieu de toutes ces physionomies brunes et passionnées.

Léonora traverse rapidement cette foule : elle ne remarque pas même que tous les yeux se tournent vers elle avec admiration, et que tous les jeunes gens se penchent à l'oreille de leurs amis pour y dire : « Vois : qu'elle est belle ! »

En effet, aucune señora ne sait comme elle jeter un voile léger sur des cheveux plus noirs que le noir tissu lui-même ; nulle autre ne dispose avec autant de grâce les fleurs embaumées qui se penchent sur un front pur et ajoutent à l'éclat de deux brillants yeux de créole. À chacun de ses pas empressés, sa robe étroite et courte trahit des formes voluptueuses, et laisse voir un pied d'une petitesse ravissante et peu commune en Espagne.

Mais que lui importent les regards et l'admiration de la foule ?... Une main mystérieuse a glissé un billet dans sa main : feignant de rajuster son voile, elle dépose l'imperceptible rouleau sur un sein palpitant d'amour et de transes, et se hâte de gagner la maison de campagne qu'elle habite à l'extrémité du faubourg, non loin de la mer.

Là, elle lit, relit et couvre de baisers brûlants le papier précieux. Il ne contenait que ces mots : « A minuit, au pied de la croix de pierre. » Mais une main chérie, qui tremblait d'émotion et pouvait à peine guider la plume, a tracé ces mots, doux précurseurs d'un rendez-vous, d'un dernier rendez-vous ; car Fernando quitte demain, pour toujours peut-être, le beau pays de la Catalogne.

Et, quand même il ne le quitterait pas, serait-il donné aux malheureux amants de se revoir encore ? Ils parviennent à peine à tromper la jalousie de don Merando, retenu à Madrid depuis un mois : ils ne peuvent se réunir qu'à de longs intervalles, à force de ruses, d'audace et de périls ; et demain il sera revenu pour ne plus partir : demain son regard perçant ne se détournera plus de dessus Léonora !

Que les heures qui précèdent un rendez-vous sont lentes à s'écouler ! Qu'il est pénible de feindre un sommeil calme et profond, quand les angoisses du doute, de la crainte et de l'attente font courir dans les veines un feu qui brûle et qui agite !

Ceux dont elle redoute la surveillance inquiète n'ont jamais cédé si tard au sommeil ! Jamais le silence n'a tardé autant à s'établir dans sa maison de campagne !... Mais enfin elle n'entend plus rien ; tout est muet, tout dort... À la hâte elle se couvre de quelques vêtements, et, enveloppée d'un grand manteau, elle vole à la croix de pierre.

Fernando ne s'y trouvait pas encore !

C'est la première fois qu'il n'arrive pas le premier au rendez-vous... Pourquoi frissonner de terreur ?... Minuit vient à peine de sonner... Et puis, cela est sûr, les amis de Fernando sont à lui faire leurs adieux : ils le retiennent pour quelques instants encore... Pauvre jeune homme ! Il maudit cette contrainte fatale... Oh ! Comme les baisers de sa Léonora le dédommageront à son arrivée !...

La cloche de la métropole sonne une heure... Elle sonne deux heures... Elle sonne trois heures... Elle sonne quatre heures...

Fernando n'avait pas encore paru !

Il n'est point possible à des paroles humaines d'exprimer les angoisses éprouvées par Léonora durant sa longue attente.

Le jour commençait à poindre ; déjà quelques paysans paraissaient dans la campagne : la pauvre Léonora se leva de la croix, au pied de laquelle elle s'était agenouillée les mains jointes, comme si la chaste madone écoutait des supplications adultères.

« Oh ! murmura-t-elle avec désespoir, je ne reverrai plus mon Fernando !

— Il est au rendez-vous !... » s'écria une voix terrible : c'était la voix de Merando, de l'époux de Léonora.

Et, dans son effroi, l'infortunée voulut enlacer la croix de pierre dans ses bras défaillants... mais elle recula en poussant un cri : la croix était couverte de sang, et le tertre avait été fraîchement remué.

LE VIOLON

FRAGMENT IMITE DE L'ALLEMAND

1826

> — C'est mon ami, c'est mon seul ami, c'est ma consolation !
> — Je vous en donnerai six francs.
> — Le voilà, car j'ai faim ; mais je n'ai plus au monde rien pour m'aimer.
>
> (OWEN, *L'Aveugle et son chien*)

— « Monsieur, voici un excellent violon à vendre. » Depuis six mois, le jeune homme avait mis en réserve la somme qui devait servir à lui procurer l'instrument si désiré ; depuis six mois, à son réveil, il songeait délicieusement au plaisir qu'il éprouverait à faire parler sous son archet un excellent violon de Crémone.

Cependant les paroles de son domestique lui causèrent une sensation désagréable.

Il est vrai que ses deux pieds reposaient chaudement sur les chenets ; il est vrai que, les yeux fixés sur le foyer, il était plongé dans cette rêverie aussi douce qu'elle est vague, dans ce demi-assoupissement des facultés morales produit par la quiétude de l'esprit et le bien-être du corps.

Ce fut donc avec une sorte de mauvaise humeur, et bien décidé à trouver détestable le violon offert, qu'il dit : « Faites-le-moi voir. »

L'homme qu'avait amené le domestique paraissait âgé d'environ soixante ans ; pas une seule tache ne souillait ses vêtements usés jusqu'à la corde ; sa figure exprimait une bonhomie insouciante. Il posa sur une table la caisse de bois noir qu'il tenait à la main, tira une petite clef de sa poche, et, après avoir ôté l'instrument de son étui, il passa en soupirant la manche usée de sa redingote sur le bois luisant du violon. Après quoi, il présenta l'instrument avec un sourire, mélange de tristesse et de satisfaction.

« Est-ce véritablement un violon de Crémone ? » demanda le jeune homme du ton dédaigneux que l'on affecte quand on veut déprécier un objet.

Pour toute réponse, le vieillard prit l'instrument et en tira des sons d'une grande pureté.

Le jeune homme resta convaincu du mérite du violon : il n'en persévéra pas moins dans son refus de l'acheter.

« Il ne saurait me convenir, » dit-il.

Alors, le vieillard se mit à replacer doucement le violon dans la caisse de bois noir. Tandis qu'il s'occupait de ce soin, une grosse larme tomba le long de ses joues brunes.

Cette larme remua de compassion le jeune homme : il devint mécontent de lui comme s'il eût fait une mauvaise action ; néanmoins, par je ne sais quel entêtement, il laissa le vieillard fermer l'étui, remettre la clef dans sa poche et faire quelques pas pour s'en aller.

Déjà il tâchait d'oublier la grosse larme qu'il avait vue, déjà il tâchait de reprendre sa douce rêverie de tantôt, quand il entendit le pas du vieillard qui revenait.

« Monsieur, dit-il, c'est que j'ai bien besoin d'argent ! »

Il y avait tant de malheur et de supplication dans la manière dont fut proféré ce peu de mots, que le jeune homme s'en trouva touché jusqu'aux larmes : il faillit un instant demander pardon de sa dureté au pauvre vieillard et lui payer son violon le double de sa valeur ; mais une fausse honte le retint.

Il n'y avait plus que de l'embarras dans sa voix quand il fit cette demande : « Quel prix vous en faut-il ? »

« Je m'en rapporte à vous, » répliqua le vieillard ; et, d'une main tremblante d'émotion, il se hâta de rouvrir la caisse.

— « Je ne l'entends pas ainsi : taxez vous-même ce que vous en voulez.

— Monsieur il me semble qu'il vaut bien... tant. »

Ce n'était pas la moitié de la valeur réelle.

Dans tout autre moment, le jeune homme aurait rougi de profiter de la détresse d'un infortuné ; mais il y a des jours où, malgré soi, l'on est sec et malencontreux.

— « C'est un prix trop élevé... je doute qu'il vaille cela... Je ne puis en donner que... tant. »

Le vieillard jeta un coup d'œil mélancolique et de complaisance sur le violon ; puis il ajouta avec tristesse :

— « Oh ! Monsieur s'y connaît trop bien pour estimer si peu un pareil instrument. »

Il faut le dire à la honte du jeune homme : il se trouva plus sensible à cette misérable flatterie qu'à la grosse larme du vieillard : la crainte de passer pour n'être pas connaisseur mit trêve à ses lésineuses surenchères ; mais, je l'ai dit, il était alors sous une mauvaise influence, et cette influence lui suggéra encore les paroles suivantes :

« Je veux bien vous en donner le prix que vous le faites ; mais, à votre tour, il vous faut me racheter mon violon que voilà : je vous paierai la différence du prix. »

Un soupir de résignation et un signe d'assentiment furent la réponse du vieillard. La honte poigna le jeune homme, et, cette fois, l'empêcha d'estimer trop cher son violon.

Sans proférer une plainte, sans dire un seul mot, le vieillard accéda à tout ce que voulut le jeune homme.

Après cela, il sortit en saluant jusqu'à terre, marcha de son plus vite jusqu'à la porte d'une maison de peu d'apparence, et monta au cinquième étage.

S'asseyant alors au pied du lit d'une femme souffrante et âgée, il étala sur la couverture un certain nombre de pièces de cinq francs.

La malade joignit les mains avec surprise et bénit le Bon Dieu : « Mon ami, d'où peut te venir tant d'argent ? » demanda-t-elle, joyeuse et consolée.

Le vieillard commençait à jouer du violon : il ne répondit pas. Intérieurement, néanmoins, il se réjouissait et s'affligeait tout à la fois, car sa femme ignorait le grand sacrifice qu'il avait fait pour elle ; mais aussi elle ne devait cette heureuse ignorance qu'à son peu de goût, au manque de finesse de son oreille, à son incapacité de distinguer, elle la femme d'un si bon musicien, un mauvais sabot d'avec un excellent violon de Crémone.

LE SPADASSIN

Nouvelle Française

1825

> De cette façon donc, un homme, sans avoir du cœur, est sûr de tuer son homme et de n'être point tué ?
>
> (MOLIERE, *Bourgeois gentilhomme*)
>
> Le bon jeune homme ne put concevoir comment, les torts n'étant pas de son côté, la honte y était. « Mais les lois de l'honneur ! lui criait-on de tous côtés ; malheureux ! vous êtes perdu si vous n'y satisfaites ! » — « J'y satisferai donc, » dit-il.
>
> (SAINTINE, *Jonathan le Visionnaire*)

J'avais bien des fois ouï chanter la cavatine d'*il Barbiere di Siviglia*.

Jamais, jusqu'à ce jour, l'air délicieux n'avait été compris ni par moi ni par la cantatrice.

Mais elle, mais la signora Camilla, oh ! quelle expression elle lui donnait ! Comme elle révélait à l'âme des pensées, des sensations, restées inaperçues pour tout autre que pour elle, pour elle, jeune fille aux grands yeux bleus, au sourire tendre et malin !

D'abord, c'est une protestation d'amour naïve, solennelle, profondément émue, une protestation d'amour d'Espagnole ; après cela, et insensiblement, le naturel malicieux et enfantin de Rosina reprend le dessus ; car ces pensées graves, même quand la passion les produit, ne peuvent bien longtemps préoccuper une tête frivole de seize ans. Viennent donc les caprices fantastiques de chants badins et légers : elle se rit de son tuteur, elle se réjouit de lui échapper, et, grâce aux prestiges de son imagination, pauvrette et sous les verrous, la voilà qui chante le bonheur et la liberté !

Il y avait près de moi un jeune Italien qui ne détournait pas les yeux de dessus la cantatrice.

Aucun souffle ne s'échappait de ses lèvres entr'ouvertes ; des larmes brillaient dans ses yeux ; l'enivrement ineffable de sa pâle figure exprimait plus que de l'enthousiasme : c'était de l'amour.

Et lorsqu'elle eut fini sa cavatine, et tandis que des transports éclataient de tous côtés, Camilla jeta furtivement un regard vers lui... Il était aimé autant qu'il aimait.

Oh ! Que j'enviais son bonheur ! Car l'on doit être si heureux d'entendre mille voix qui saluent celle que l'on aime ! On doit être si heureux, en regardant autour de soi, de ne voir que des physionomies attentives, des joues enflammées de ravissement ; et puis un signe d'elle, un signe que nul autre ne comprend, un signe qui dit : « Cette gloire, elle est à toi, car elle t'appartient comme tout ce que je possède, elle t'appartient comme Camilla t'appartient ; » et puis ce souvenir de paroles confuses d'amour, de sourires langoureux, de bras blancs et demi nus qui étreignent avec tendresse !...

Oh ! Que j'enviais son bonheur ! Moi, seul au monde, et qui n'ai personne pour m'aimer, personne !...

À la droite du jeune homme se trouvait un inconnu que, depuis le commencement de l'opéra, j'avais plus d'une fois maudit en moi-même : il y avait dans tout cet homme un mélange rebutant de recherche et de mauvais goût ; étendu sur sa banquette, il froissait les coudes des voisins, et, gorgé sans doute de boisson (car une rougeur épaisse cernait ses yeux et s'épanchait sur ses joues), il troublait à chaque instant le spectacle par des réflexions brutales et faites presque à voix haute : plusieurs fois il avait excité des chuts désapprobateurs, mais sans qu'il y prît garde.

Tout entier à ses émotions, l'amant de Camilla n'avait point remarqué tant de discourtoisie ; mais, lorsque la scène resta occupée par Bartholo et le digne Basile, il repoussa doucement les coudes de son voisin, dont pour la première fois il sentait les incommodes façons.

Je ne sais quelles paroles dit l'autre, mais je vis s'animer les yeux de l'Italien et ses joues devenir pourpres.

Il garda pourtant le silence.

Enhardi par tant de modération, son antagoniste fit une menace et leva la main... Il fut prévenu : l'Italien le frappa au visage.

« Sortons ! Sortons ! » s'écrièrent-ils en même temps.

Comme ils s'éloignaient, un cri partit du théâtre : je vis alors le jeune homme frissonner, puis hésiter, de grosses larmes dans les yeux ; mais son adversaire retourna la tête pour voir s'il le suivait, et il marcha. Je ne saurais dire l'intérêt que me faisait éprouver l'amant de Camilla ! Ce fut au point que je le suivis pour connaître l'issue de cette scène.

Deux hommes d'assez mauvaise mine accompagnaient le brutal inconnu : l'Italien était seul, et jetait de temps à autre des regards inquiets autour de lui.

« Vous êtes étranger ; vous n'avez pas de témoin : je vous en servirai, » dis-je en m'avançant. Il me tendit la main, et serra la mienne : je compris combien il y avait de désespoir dans cette étreinte.

Après avoir pris des armes, nous traversâmes plusieurs rues solitaires et nous sortîmes de la ville.

Il faisait le plus beau clair de lune que j'aie jamais vu ; le ciel était pur et suave, l'air empreint d'une voluptueuse fraîcheur : il y avait là je ne sais quelle ironie de bonheur et de volupté qui me rendait encore plus triste.

Arrivé sur un terrain propre au combat, l'inconnu défit avec tranquillité son habit ; il retroussa jusques aux coudes les manches de sa chemise, examina soigneusement le fleuret aiguisé ; et puis il se mit en garde comme un professeur d'escrime, et en souriant. Quelle horreur me prit à la vue de ce sourire !

Dès la première botte, l'Italien tomba, la poitrine percée de part en part.

Il voulut parler : le sang l'en empêcha ; il voulut faire un signe : les convulsions de la mort l'en empêchèrent.

« Camilla ! Camilla ! » lui dis-je, car j'avais compris sa dernière pensée.

Je crus sentir sa main presser la mienne, et puis il se raidit, et c'en fut fait. Pendant ce temps, celui qui l'avait tué essuyait l'arme sanglante et devisait avec ses compagnons. « Aidez-moi, leur dis-je dans mon trouble, aidez-moi à transporter cet infortuné quelque part où il trouve des secours. »

L'assassin le regarda de l'œil dont un vieux médecin regarde un malade ; il interrogea le pouls du cadavre, et puis il dit : « Marchons, marchons !... Il n'a point besoin de secours : il est mort. »

Ils me laissèrent seul près de leur victime.

Je me sentis plein d'effroi et d'inquiétude : je ne connaissais pas même le nom de celui qui gisait à mes pieds ; je ne savais pas même en quelles mains je devais remettre ce corps sanglant.

Comme je portais autour de moi des regards sans but, je vis briller à la clarté de la lune l'agrafe d'argent d'un portefeuille : c'était celui de l'Italien ; il était tombé de son habit durant les apprêts du combat : je l'ouvris.

Il contenait un portrait de Camilla et une lettre adressée au signor Paolo Frienzi : je la lus : c'était une lettre d'amour, la première qu'il eût reçue d'elle, et qu'une main pleine d'émotion avait datée de ce jour-là même.

Vous comprenez quelles furent mes sensations à cette lecture de paroles tendres et heureuses de jeune fille, faite la nuit près du cadavre de son amant !

Des paysans vinrent à passer ; ils se rendaient au marché avec une voiture : j'obtins d'eux qu'ils transportassent à la ville les restes de l'Italien ; et, quand nous fûmes arrivés, j'informai la justice du triste événement de la nuit et je me rendis à la demeure de Camilla.

Pâle, et dans une horrible résignation de désespoir, elle comprit à mon premier mot ce que je venais lui apprendre : elle m'écouta sans interrompre ; elle ne parla point quand j'eus fini.

Et je cherchais en vain dans ses traits immobiles quelque chose de la Rosina de la veille : ce n'était plus elle ; c'était la vengeance !

« Son nom ! son nom ! dit-elle enfin.

— Je l'ignore, répondis-je.

— Son nom ! répéta-t-elle en s'élançant près de moi, son nom ! dites-le-moi ; je veux le savoir !... Dis-le-moi ! » ajouta-t-elle en posant un stylet sur ma poitrine.

Je saisis son bras que je détournai.

— « Le ciel m'est témoin que je l'ignore !

— Pardonne-moi, oh ! pardon ! toi qui l'as vu mourir, qui as reçu son dernier souffle, toi si généreux pour lui !... N'importe ! murmura-t-elle, je le saurai ! »

Quatre années après cet événement, je fis un voyage à Naples. Un soir j'allai au théâtre de *la Scala* : on jouait *il Barbiere di Siviglia*.

Rosina parut... *Rosina* était la signora Camilla.

Je tressaillis ; et, par un mouvement machinal, je cherchai à côté de moi Paolo Frienzi.

Son assassin était assis sur la banquette où je me trouvais !

Camilla comme moi le vit tout à coup, car tout à coup un cri d'elle interrompit la cavatine qu'elle chantait alors.

Mais son émotion disparut aussitôt, et jamais sa voix ne me parut plus ravissante et plus hardie.

Cela me fit un mal !... Elle, chanter cet air ! et devant le spadassin !....

Il me fallut sortir du théâtre, car je ne pouvais supporter une telle preuve d'insensibilité. Je me mis à errer dans Naples, et, quand je revins près de la salle de *la Scala*, la foule achevait d'en sortir.

Tout à coup, au détour d'une rue, une femme, qui fuyait, se heurte contre moi : elle lève la tête, me reconnaît et jette un cri : « Il est vengé ! » dit-elle ; et ses mains, qui étreignaient les miennes, tenaient un stylet et se trouvaient humides de sang.

L'ACTRICE

AVENTURE FRANÇAISE

1826

> Voilà donc comme on aime !
> (ANDRE CHENIER, *Élégie XXVIII*)

Il est des moments dans la vie où je ne sais quelle vague tristesse fatigue d'une agitation inquiète : elle a du rapport avec l'impatience physique, avec l'agitation de nerfs produite par le sifflement douteux d'une étoffe frôlée ou le cri mordant de la lime. Une contrariété frivole, une blessure faite à l'amour-propre, voilà d'ordinaire les causes de cette irritation de l'esprit. Honteux de se trouver affligé de si misérables vétilles, mécontent de soi et des autres, on éprouve un isolement insupportable : on sent le besoin impérieux de ces consolations de sentiment et non de paroles, de ces caresses affectueuses dont les femmes seules possèdent le secret et qui savent bercer et endormir si bien les douleurs de l'âme. Oh ! Que l'on serait soulagé si l'on pouvait, se réfugiant près d'un de ces êtres chéris, se cacher le front sur son sein et y répandre librement des larmes !

Telle était la situation morale de Léopold, jeune sous-lieutenant de hussards en garnison dans une ville du midi : une perte au jeu, des réprimandes de son colonel, quelques sarcasmes de ses camarades, l'avaient rendu malheureux pour le reste de la journée ; car Léopold ne recevait de son père qu'une pension assez modique alors épuisée, et il était doué amplement de cette susceptibilité irritable, conséquence d'une imagination ardente et de la bonne opinion de soi, dont on ne manque pas à vingt-deux ans.

Il avait en vain cherché à se soustraire aux souvenirs désagréables qui le tourmentaient : on en trouvait la preuve dans les livres épars autour de lui ; mais, comme on n'est guère plus libre d'écarter telle idée et de se livrer à telle autre que de faire bien digérer l'estomac lorsqu'il se refuse à remplir ses fonctions, les idées de Léopold restaient toujours là devant son imagination.

Maudite soit la position où le sort m'a placé ! songeait-il : astreint aux exigences d'une hiérarchie sans fin de supérieurs, entouré de camarades frivoles et hargneux, que ne puis-je me délivrer d'une pareille servitude !... Insensé ! Pour le plaisir de porter des moustaches et d'entendre traîner un grand sabre à mes côtés, j'ai dédaigné follement l'existence paisible que j'aurais trouvée chez mon père, au sein de travaux lucratifs ! Le dernier de ses commis n'est-il pas plus heureux que moi ? Il est cloué sur un bureau durant toute la journée ; mais, Bon Dieu ! Mon oisiveté fatigante, uniforme, est-elle moins ennuyeuse ? Faire manœuvrer des soldats pendant je ne sais combien d'éternelles heures, monter la garde, passer le reste du temps dans un café, ne voilà-t-il pas ma journée d'hier, ma journée d'aujourd'hui, ma journée de demain ?

Que n'ai-je écouté les sages conseils de mon père ! Que sait-on ? Peut-être serais-je déjà marié... marié !... En rentrant chez moi, je n'y trouverais plus cette solitude qui me tue : un sourire bienveillant, une parole amie, m'accueilleraient à mon arrivée, et mon front s'épanouirait si mon front était ridé par le souci... Jamais seul avec moi-même ; des causeries intimes, pleines d'abandon, délicieuses ! Une émotion qui répondrait à chacune de mes émotions ! Une tendresse vive, solide, comprise, partagée !... Partout du bonheur, partout de l'amour ! Rien de désert, rien d'indifférent !... Voilà, oh ! voilà le bonheur que j'ai perdu par ma propre faute !

Léopold, militaire, enviait l'existence du négociant dédaignée naguère par lui : Léopold, négociant, n'eût pas manqué d'envier l'existence du militaire embellie à ses yeux des prestiges du regret. Hélas ! Le bonheur est trop souvent pour l'homme ce qu'il n'a pas ! « Il s'en va toujours béant, » comme dit Montaigne, « après les biens qu'il ne saurait avoir, au lieu de se rasseoir dans ceux qu'il a. »

— « Que diable fais-tu là ?... Dors-tu ? »

Cette exclamation bruyante d'une voix jeune et pleine de gaîté interrompit subitement la philippique mentale de Léopold.

« Peste soit de toi ! mon cher, continua le sous-lieutenant qui venait d'entrer : nous arriverons trop tard : le spectacle sera commencé. Pauvre Victorine ! Elle demeurera tout interdite si, contre son habitude, je ne suis pas la première figure qu'elle aperçoive au lever du rideau. »

Or, mademoiselle Victorine était une actrice, maîtresse de M. Gustave.

Dans les régiments de hussards, on n'est point très discret d'ordinaire en fait d'intrigues amoureuses, et surtout d'intrigues de coulisses : aussi Gustave ne songeait-il pas le moins du monde à cacher ses liaisons avec la jolie soubrette.

Il la promenait dans toute la ville ; il échangeait avec elle, en plein spectacle, des œillades qui n'étaient inintelligibles pour personne : son plus grand plaisir était de voir tous les regards des spectateurs dirigés vers lui, toutes les physionomies avec l'expression de l'ébahissement, et ce sourire équivoque excité par un scandale que l'on n'ose blâmer ouvertement. Jeune, riche, d'une famille puissante, l'étourdi trouvait du dernier piquant de braver en face ce qu'il nommait la pruderie bourgeoise. Sans le scandale, peut-être aurait-il quitté Victorine au bout de huit jours ; mais il y avait plus de six semaines que cela durait, car on en glosait tant dans toute la ville !

Pendant le spectacle, il prit fantaisie à Gustave d'aller retrouver sa maîtresse sur le théâtre : « Viens avec moi, » demanda-t-il à Léopold.

Léopold hésita.

« Ah ! c'est cela ! continua Gustave en ricanant : il ne faut pas se compromettre ! »

Léopold n'hésita plus : la crainte du ridicule étouffa sa répugnance, et il suivit Gustave en tâchant d'imiter, dans ces lieux tout nouveaux pour lui, l'aisance et l'aplomb de son camarade.

Tandis qu'ils jasaient tous les deux avec Victorine, une seconde actrice, Coraly, vint gaîment et sans façon prendre part à l'entretien.

Cet entretien causa une surprise extrême à Léopold ; il n'en pouvait revenir : ce n'était point des propos effrontés de courtisanes ; c'était un mélange de plaisanteries, gaies sans doute, mais non pas licencieuses, un échange de traits spirituels, des expressions heureuses, des mots fins et d'un malicieux !...

Jamais surtout on ne montra plus d'esprit que la rieuse compagne de Victorine ; jamais on ne saisit avec plus de tact les ridicules même les plus imperceptibles ; jamais on ne les attaqua avec une gaîté plus impitoyable : Victorine, Gustave, Léopold, tout ce qui se trouvait sur le théâtre fut harcelé par la jolie moqueuse. Il n'est point jusqu'au souffleur, homme grossier, malpropre, couturé de petite vérole, qui n'eût également son lot et qui, adossé près de là contre une coulisse, n'oubliât, en écoutant Coraly, de rentrer dans son trou et de donner le signal du dernier acte.

Léopold était ravi, enivré ! Ce fut avec peine que Gustave put l'arracher du théâtre et le ramener dans la salle.

Durant tout le reste de la représentation, Léopold ne détourna pas les yeux de dessus Coraly. Le lendemain, la première personne qu'elle aperçut, en entrant à la répétition, fut le jeune officier de la veille : elle le salua d'un sourire qui combla de joie Léopold.

Dès lors, il rechercha avidement toutes les occasions de se trouver avec Coraly : il ne quittait pas les coulisses. Plus il la voyait, plus il la voulait voir encore ; sa passion acquérait chaque jour de nouvelles forces. Cependant il n'osait dire à Coraly combien il l'aimait éperdument. En vain, toute la journée, entendait-il conter à ses camarades les faciles succès obtenus par eux chez la gent actrice : une timidité insurmontable l'empêchait de parler. Vingt fois il fut près de le faire, vingt fois une contraction convulsive vint resserrer ses lèvres. Sans cesse il se promettait d'être plus hardi, mais à la vue de Coraly toutes ses telles résolutions s'évanouissaient, et le pauvre jeune homme ne savait que la regarder et lui sourire.

Enfin, un soir qu'elle l'avait accueilli avec une bienveillance marquée, après une longue conversation où la ravissante créature avait été plus délicieuse encore qu'il ne l'avait jamais vue, Léopold lui prit la main avec passion et murmura quelques mots délirants : Coraly y répondit par un bruyant éclat de rire, et Léopold, une rougeur de feu sur le visage, s'éloigna confus, désespéré. Il passa toute la nuit sans fermer les yeux, à maudire son désappointement, sa timidité maladroite, les éclats de rire de Coraly, et à envier l'assurance effrontée qui valait tant de bonnes fortunes à Gustave.

Enfin, quand le jour commença à paraître, un assoupissement incomplet, brûlant, agité, résultat de l'abattement et de la fatigue, vint s'emparer de lui insensiblement. Il ne dormait pas ; il n'était pas éveillé : des visions fantastiques tournoyaient devant son imagination engourdie ; ses facultés, à demi suspendues, flottaient dans un vague étrange, et je ne sais quelle angoisse sourde crispait douloureusement chaque fibre de sa poitrine.

Au milieu de cette confusion d'idées, de ce désordre du cauchemar, il croit entendre les accents douteux d'une voix qui ne lui est pas inconnue : ils se rapprochent ; ils deviennent plus distincts : il semble qu'on veuille entrer, que son domestique refuse la porte... Elle s'ouvre brusquement... Un jeune homme se précipite de force dans la chambre : il tombe sur un fauteuil en riant aux éclats... Durant cette joyeuse convulsion, son chapeau roule sur le plancher : de longues tresses de cheveux noirs se répandent sur ses épaules... « Coraly !... Oh ! Coraly !... » s'écrie Léopold.

Six mois... Combien ce court espace de temps peut changer bizarrement le sort d'un homme !... Six mois se sont écoulés... Deux évènements des plus ordinaires de la vie, deux évènements, de ceux-là qui occupent une heure le vulgaire et sont oubliés... la chute de cheval d'un jeune cousin et l'apoplexie foudroyante d'un vieil oncle ont rendu millionnaire le pauvre sous-lieutenant Léopold... Au milieu d'un nuage de poussière, quatre chevaux entraînent sa chaise de poste ; les postillons les excitent et secouent leurs fouets dans les airs : ce son éclatant et presque régulier, le galop des chevaux, le bruissement des roues, les cahots.de la voiture, ce paysage qui, rapide, éblouissant, apparaît, fuit et renaît sans cesse à la portière étroite ; des pensées ardentes, une fortune à laquelle il croit à peine, les brûlants plaisirs qui l'attendent à son arrivée, tout cela produit chez Léopold un enivrement tumultueux, des transports délirants. La voiture vole : elle est lente à son gré. Comme s'il pouvait la hâter, il s'agite, se lève, retombe pour se relever de nouveau, maudit les postillons, les flatte, les injurie, et leur promet de l'or.

Peut-il trop payer le bonheur de revoir Coraly quelques instants plus tôt ? Coraly, dont il est séparé depuis quatre mois ! Coraly, dont il a reçu tant de preuves d'amour ! Car, lorsqu'il était pauvre, lorsque son imprévoyante incurie et la parcimonieuse prudence de son père l'avaient réduit à contracter des dettes ; lorsqu'il lui fallait subir les persécutions insolentes de créanciers impatients ; lorsqu'ils allaient divulguer sa honte et sa détresse, quelle amie généreuse lui donna le moyen de les apaiser, sauva sa réputation gravement compromise ?... Elle était loin d'être riche cependant : pour se procurer une somme aussi considérable, il lui fallut vendre ses bijoux, tout ce qu'elle possédait de plus précieux, des vêtements même !... Il ne l'a su que depuis... Oh ! certes, s'il eût connu alors toute la générosité, toute la délicatesse d'un pareil sacrifice, jamais il ne l'eût permis !... Bonne Coraly !... Maintenant il peut récompenser dignement tant d'amour, tant de vertus : il faut qu'elle renonce au théâtre ; il faut qu'elle vienne parcourir avec lui la Suisse, l'Italie, l'Allemagne : il veut fuir pour elle un monde égoïste, étroit, à préjugés, qui ne saurait comprendre leur tendresse. Après de longs voyages, ils viendront habiter quelque réduit délicieux et ignoré : là, paisibles, heureux, se suffisant l'un à l'autre, ils répandront le bonheur sur tout ce qui les environnera. La bienfaisance est une des vertus de Coraly : combien de fois il l'a vue déposer mystérieusement une riche aumône dans la main du malheureux qui n'osait mendier !... Et cette vieille actrice, misérable, sans pain, sans asile, qui pleurait un soir à la porte du théâtre... il s'en souviendra avec émotion tant qu'il vivra... Coraly vida pour elle sa bourse ; il fallut aussi que tout le monde contribuât à sa bonne action : malheur à celui qui n'accordait pas un don au sourire de la folâtre quêteuse ! Un sarcasme bien amer le punissait aussitôt : l'amour-propre et la crainte ouvraient les bourses dont l'avarice n'avait pu se résoudre à desserrer les cordons.

Mais voici qu'un jour austère et sombre succède à la lumière du matin qui venait se refléter, éblouissante et dorée, sur la glace de la portière ; les roues font trembler et résonner un lourd pont-levis sur lequel elles passent entre deux hautes tours ; puis la voiture traverse de longues rues solitaires... Elle s'arrête... Léopold s'élance à terre : — « Coraly ?... Le logement de mademoiselle Coraly ?... » Tout le monde connaît la demeure de l'actrice favorite du public : un commissionnaire s'offre à l'y conduire... L'heureux jeune homme monte rapidement l'escalier, heurte à la porte sans clef... puis écoute : une voix pleine de sommeil répond... Ce n'est pas la sienne... Oh ! Le damné commissionnaire s'est trompé !... Ces accents grossiers ne lui sont pas inconnus : ils appartiennent au souffleur... Où, comment trouver sans guide, à pareille heure, le logement de Coraly ?... Parbleu ! Le souffleur... Léopold frappe de nouveau : le souffleur demi-nu vient ouvrir, et recule stupéfait... Un éclat de rire part du lit : « — Léopold ici !... Quelle plaisante aventure !... »

LA GITANA

NOUVELLE CATALANE

1829

> Tout est changé pour moi loin du pays natal !
> Le temps même, le temps n'a plus un vol égal :
> Les jours froids de l'hiver prolongent leur durée ;
>   L'été n'a que de longues nuits.
> . . . .
>   L'exil est le plus grand des maux.
>   (Madame DUFRESNOY, *Alcée*)

Il n'est point au monde un plus beau pays que la Catalogne, la Catalogne, avec ses Pyrénées qui dressent jusqu'aux nues leurs cimes blanches de neige et cicatrisées de précipices ; la Catalogne sur les rochers de laquelle viennent se briser en mugissant les vagues de la Méditerranée.

Ses plaines ont des champs de blé, ses marais des rivières, ses collines des vignobles, des oliviers, des orangers ; ses mines, du marbre et du fer. Demandez au hardi plongeur quel riche corail est caché sous les flots qui baignent les rivages de la Catalogne !

Oh ! ne respirez pas durant un jour, rien que durant un seul jour, l'air tiède et voluptueux que l'on y respire ; ne levez pas vos regards vers l'azur foncé de son beau ciel ; mollement couché dans une barque qui se laisse aller avec lenteur au courant insensible d'un fleuve, ne contemplez point, sur l'une et l'autre rive, ces groupes de jeunes filles aux yeux noirs, à la taille légère, à la robe étroite et courte qui dessine des formes ravissantes ; n'écoutez pas leurs chansons ; détournez les yeux quand elles forment ces danses pétulantes qui font frissonner d'amour et de désir... Oh ! croyez-m'en ; car désormais un souvenir plein de regrets, un mal triste et languissant comme le mal du pays, viendrait serrer votre cœur et remplir vos yeux de larmes.

Et pourtant je suis loin, bien loin de la belle Catalogne, de mes montagnes où je suis né, où mon père est mort, où ma fille... ma fille !... Mon poignard l'a vengée !... Trois jours, trois nuits, couché à plat ventre sur une roche solitaire, l'œil aux aguets, le doigt à la détente de mon fusil, j'ai attendu son assassin... Il est venu : il est tombé ; il s'est débattu dans la poussière ; ses mains convulsives ont sillonné le sable ; le sang a jailli de sa poitrine.

Pendant une heure que dura son agonie, je demeurai là immobile, à contempler ma vengeance... Ensuite il a fallu fuir, fuir comme un misérable spadassin, comme un lâche détrousseur des passants ; car leurs lois, leur justice, comme ils disent, offraient pour la tête d'un père vengeur de sa fille le même prix qu'elles donnent pour celle d'un brigand !

Si l'on savait quels biens un misérable Andalous m'a ravis par sa ruse exécrable ; si l'on connaissait tous les maux qui pèsent sur les vieux Gitanos, au lieu de regarder avec curiosité mes vêtements inconnus et mon front basané ; au lieu de me montrer du doigt en murmurant : « C'est un réfugié, c'est un assassin, » on viendrait peut-être me tendre une main amie, en disant avec compassion : « Fils d'une Gitana, tu es bien à plaindre ! »

Oh ! oui, je suis bien à plaindre !... Et naguère encore j'étais heureux, le soir, lorsqu'après avoir dénoué le voile blanc dont les replis enveloppaient sa tête, ma fille, ma Peppa, rejetait sur ses épaules de longs cheveux noirs brillants... Après cela, elle s'agenouillait à mes pieds, elle mettait ses deux mains dans les miennes, elle attachait sur moi de grands yeux attentifs ; puis, se riant de mes paroles sérieuses, elle s'enfuyait tout à coup pour aller gravir quelque rocher bien haut.

Du seuil de ma cabane, je l'appelais, agité par je ne sais quelle joie craintive : j'étais heureux de la prestesse et de la grâce déployées par elle en ces périlleux plaisirs, et je tremblais pourtant qu'ils ne lui devinssent fatals. Mais la délicieuse enfant, sans m'écouter, riait, battait des mains, bondissait sur la roche ; et puis se mettait à chanter quelque chanson des Bohémiens, de ces chansons connues de notre seule race, et que doit accompagner une danse légère et passionnée. À chacun des gestes de Peppa, il jaillissait autour d'elle des reflets fugitifs d'une lueur pâle : c'était la lune qui venait reluire sur les larges anneaux d'argent dont ses jambes et ses bras nus étaient surchargés à la mode des Gitanos.

Tandis que je la contemplais dans ces transes de ravissement et de terreur, elle s'élançait tout à coup, et à peine avais-je eu le temps de craindre que son pied ne glissât en se posant sur une pointe de rocher, que sa main n'étreignît mal le frêle arbuste qui la suspendait dans les airs... déjà ma fille me serrait de ses bras, et offrait à mes baisers des joues fraîches et brunes.

Tels avaient été ses jeux, par une belle soirée d'automne. Lorsqu'elle fut rentrée dans ma cabane et assise près de moi : — « Sais-tu, père, que don Fernando de Gemellas, le fiancé de doña Bianca, est arrivé tout à l'heure au château de Melposo ? Il vient de Séville. C'est une bien belle chose à voir que ses équipages, ses chevaux, ses mulets et ses nombreux domestiques ! Ceux-ci ne sont point, comme nos Catalans, vêtus d'une simple veste rayée et d'une culotte courte qui laisse nues leurs jambes chaussées de l'alpargata : une résille de soie enveloppe leurs cheveux, ce qui est bien autrement gracieux que le bonnet de laine rouge des paysans de nos montagnes. Leur riche veste de velours est surchargée de galons ; ils ont de larges ceintures de couleur tranchante, des guêtres pleines d'élégance et de vastes manteaux.

» Mais si tu avais vu, père, la physionomie majestueuse de leur maître !... Il a salué d'un air triste et rêveur sa fiancée... Va, je comprends bien pourquoi ce jeune homme est triste : jamais il n'avait vu celle qu'il lui faut épouser ; c'est un mariage conclu par leurs parents : peut-on être joyeux, père, en se mariant à une femme que l'on n'a jamais vue, fût-elle grande dame, propriétaire de dix châteaux comme celui de Melposo, et plus belle que doña Bianca, qui ne l'est guère ? »

Toute la soirée, elle me parla de don Fernando. Le lendemain, elle sortit de bon matin pour aller au château. Elle était sûre d'y être la bienvenue, car chacun y aimait la petite Gitana, si jolie et si folâtre.

« Adieu, me dit-elle : il me tarde de revoir les beaux équipages de don Fernando. » Je me mis à sourire de son empressement enfantin : heureux âge de la vie, pensais-je, où la vue d'un peu de splendeur cause des joies si vives et si innocentes !

Insensé ! Pourquoi, pourquoi ne l'ai-je point forcée à rester près de moi ? Pourquoi ne l'ai-je point en fermée dans ma chaumière, dont j'aurais défendu l'entrée, ma carabine sur l'épaule ? Un valet de don Fernando, un Pédrille n'aurait point enlacé de ses bras impudiques sa taille virginale ; il n'aurait point osé lui dire : « Sois la concubine d'un valet. »

Pauvre faible enfant ! Que pouvait-elle contre le robuste scélérat, si ce n'est de pousser des cris plaintifs ?... Hélas ! Et moi, mollement couché loin de là, dans ma chaumière, je dormais d'un sommeil profond... Un autre que son père vint pour la protéger !

Ce fut don Fernando : il accourait de toute la vitesse de son cheval... À la vue soudaine de Pédrille, qui prit brusquement la fuite, l'animal se cabra : le cavalier désarçonné tomba et fut frappé de la tête contre la pointe d'un rocher.

Quand les domestiques, qui suivaient de loin leur maître, furent arrivés près de lui, Peppa avait déjà pansé la large blessure du jeune seigneur, dont la tête reposait mollement sur ses genoux : son voile avait été déchiré pour étancher le sang et envelopper d'un bandeau le front de Fernando. Lorsqu'il reprit connaissance, il serra doucement la main de Peppa pour la remercier, et ses gens l'emportèrent au château.

Le lendemain, Pédrille parut à la porte de ma cabane ; je saisis ma carabine pour l'étendre mort... Plût à Dieu que Peppa n'eût point détourné ma carabine, dont la balle alla s'enfoncer en sifflant dans le tronc d'un oranger ! Ma Peppa vivrait encore : je ne serais point seul au monde, sans un être pour m'aimer !

Pédrille venait, par ordre de son maître, implorer le pardon de celle qu'il avait si lâchement outragée : elle le reçut avec dédain, et il s'éloigna.

Quinze jours s'écoulèrent, durant lesquels un changement étrange s'opéra dans le caractère de la jeune fille : de rieuse et de folâtre, elle devint pensive et triste ; je la surprenais souvent avec de grosses larmes dans les yeux ; et celle dont j'étais naguère la seule joie semblait alors redouter ma présence.

Il n'y avait point à se méprendre sur de pareils symptômes : Peppa aimait. Rarement une jeune fille confie des secrets d'amour à un père, même lorsqu'elle le chérit comme Peppa me chérissait : je résolus donc de l'épier secrètement, et de découvrir par ce moyen quel était l'objet de sa tendresse, et s'il était digne de ma fille.

S'il n'est point digne d'elle, projetais-je, nous quitterons ma paisible chaumière : je reprendrai, s'il le faut, la vie errante des Gitanos, dussé-je, comme tant d'eux, n'avoir d'autre misérable ressource pour vivre que celle de tondre des mulets...

Mais je n'en suis point réduit là : j'ai enterré dans ma cabane une somme de six mille ducats, et elle peut, avec le prix de ma chaumière, nous faire vivre plus de dix années : Dieu fera le reste.

Nous voyagerons donc quelque temps ensemble ; puis nous irons nous établir dans quelque autre partie de la Catalogne. Ma Peppa redeviendra bientôt paisible et heureuse ; car, à quinze ans, il n'est point d'amour qui résiste à l'absence et à la distraction.

Ma surprise égala mon désespoir, lorsque je découvris que Peppa avait de fréquentes entrevues avec Pédrille ; tout mon sang bouillonna d'indignation... Comment une Gitana pouvait-elle être éprise d'un valet andalou, d'un lâche qui n'avait de courage que pour insulter de faibles jeunes filles !

Je me glissai furtivement derrière un buisson : je prêtai l'oreille à leur entretien... Pédrille parlait d'un ton respectueux ; et ce n'était pas de lui-même qu'il parlait.

« Don Fernando ne peut vous voir encore aujourd'hui, disait-il : il est souffrant, et d'ailleurs, sortir de sa chambre serait compromettre votre secret. Quant à vous recevoir au château, cela est encore plus impossible : doña Bianca n'a déjà que trop de soupçons de l'infidélité de son fiancé.

» Prenez cette lettre, señora, elle plaidera bien mieux en faveur de mon maître qu'un pauvre valet de chambre ; elle vous fera connaître aussi le projet qu'il a formé pour être à jamais à sa chère Peppa. » À ces mots, il jeta la lettre à ses pieds et disparut.

Un léger bruit se fit entendre : Peppa ramassa le billet, le cacha dans son sein, et je la vis marcher précipitamment vers ma chaumière.

Lorsque je fus de retour, elle dormait d'un sommeil profond : je n'eus point le courage de l'éveiller, et je remis au lendemain à lui apprendre que l'amour d'un grand seigneur était fatal pour une pauvre créature comme elle, et qu'il fallait renoncer à ces douces illusions de jeunes filles. Qu'elle soit encore heureuse cette nuit ! pensais-je, et que le désespoir et les larmes ne commencent que demain seulement pour l'infortunée !

Ce fut bien avant dans la nuit que je pus m'endormir.

Tout à coup je m'éveille en sursaut : oppressé par un affreux pressentiment, je cours au lit de ma fille... Ma fille avait disparu !

Une lettre qu'elle avait déposée sur son chevet me suppliait de lui pardonner sa fuite : « Don Fernando, écrivait-elle, m'épouse secrètement, cette nuit même, et m'emmène aussitôt en Andalousie. Là, mon père, lorsque le courroux d'une famille puissante sera apaisé, tu viendras rejoindre ta Peppa, pour être le témoin de son bonheur. »

Je courus vers le château, afin d'arracher, s'il en était temps encore, mon enfant à son séducteur ; car un fier seigneur andalou épouserait-il jamais une pauvre Bohémienne ? Il ne peut que vouloir la séduire.

À peine à moitié du chemin, je crus reconnaître la voix de ma fille... je me dirigeai du côté d'où partaient les cris... À la clarté de la lune, je vis Peppa : elle était deminue, les cheveux épars, une rougeur de feu sur le visage, les yeux égarés... Elle ne me reconnut pas... elle resta, stupide et plaintive, entre les bras de son père.

Ses discours sans suite, ses paroles insensées, m'apprirent enfin l'affreux mystère dont elle était victime : les lettres de don Fernando étaient supposées ; Pédrille les avait fabriquées... Elle avait cru presser dans ses bras un époux bien aimé, don Fernando, et c'était au misérable Pédrille qu'elle prodiguait ses étreintes et son amour !

Elle languit deux jours encore, en proie à une fièvre brûlante et au délire ; puis elle mourut sans avoir recouvré un instant sa raison, sans avoir adressé un seul mot à son père qui pleurait près d'elle.

Je coupai sa noire chevelure et la mis dans mon sein ; ensuite son corps fut confié à la terre avec les cérémonies usitées par les Gitanos. Quand tout fut fini, je saisis ma carabine.

Vous savez le reste.

Voilà pourquoi j'ai quitté pour jamais la Catalogne, le plus beau pays du monde.

AGIB

ou

LES SOUHAITS

CONTE ARABE

AN DE L'HEGIRE 523, DE L'ERE CHRETIENNE 913

> Le bonheur, c'est l'horizon du désert : arrivé haletant au sommet de la montagne de sable où il croyait l'atteindre, le voyageur se désespère en apercevant tout à coup l'immense étendue qui recule devant lui ; et puis il reporte ses regards en arrière, et regrette amèrement les lieux qu'il a quittés.
>
> (ALMOZAR)

Depuis trois jours, l'ange de la mort tenait suspendue sur la bouche du calife Ebn-Alnalchar la pointe de son fatal cimeterre. Le visir, les émirs étaient prosternés devant sa couche royale : les uns promettaient au divin prophète de faire un pèlerinage à la Mecque et d'y baiser la pierre noire du mont Arafate[16] ; les autres déchiraient leurs vêtements, et semblaient s'efforcer de comprimer des sanglots qui ne laissaient pas que d'éclater. Le peuple remplissait les mosquées ; car le bâton du cadi faisait justice de ceux qui ne priaient pas pour le commandeur des croyants.

---

[16] Le mont Arafate est voisin de la Mecque. Dans le principal temple est un petit bâtiment carré où est scellée une pierre noire, objet de la vénération des Arabes. Voyez Pococke, *Specimen hist.* Roland *de reliq. Moham.*

Mais, lorsque la terrasse extérieure du palais brilla tout à coup de mille flambeaux[17], on laissa le corps inanimé d'Ebn-Alnalchar à la garde de quelques eunuques ; et le visir et les émirs, entourés d'une foule immense, coururent au château d'Alamuth[18] où, suivant l'usage, avait été renfermé Schach-Alled, frère du calife.

Élevé dans cette triste prison par une vieille nourrice, le pueng[19] avait fait avorter dans le cœur de Schach-Alled le germe de la vaillance ; aussi, lorsqu'il entendit les joyeux *allah* que l'on redisait de toutes parts, tremblant, il courut se blottir sous un sopha.

Tiré de cet asile, pâle, défait et mourant de peur, il fut salué calife. Mais en vain lui répétait-on que son frère était mort : il suppliait ceux qui l'entouraient de ne pas exposer ses jours en le mettant à la tête des révoltés. Cependant il prit insensiblement quelque assurance ; et cette assurance devint un orgueil sans noblesse et une joie ignoble, quand il vit le peuple se prosterner sur son passage. Comme un enfant qui se hâte de faire mouvoir les ressorts d'un jouet nouveau, Schach-Alled donnait sans cesse à ceux qui l'entouraient des ordres ridicules ; et malheur à ceux qui ne se hâtaient pas de les exécuter ! Car le courroux de l'imbécile calife était aussi terrible que sa puissance.

Après avoir pris possession du magnifique palais, séjour du commandeur des croyants, Schach-Alled fut conduit dans le sérail : là, on lui présenta un bassin d'or plein d'eau de rose ; après quoi on apporta des parfums d'aloès dans une cassolette étincelante de pierreries : il parfuma sa barbe et ses vêtements, et reçut de l'eau de senteur dans les deux mains, qu'il se passa ensuite sur le visage.

---

[17] Lorsqu'un Persan touche aux derniers instants de sa vie, on place des flambeaux sur la terrasse extérieure de son habitation, pour avertir les passants de prier pour lui.

[18] *Alamuth* signifie *château de la mort*. Il était situé dans le Manzanderan (l'ancienne Hircanie).

[19] Liqueur composée de pavots, de noix vomiques et de chenevis. Les Indiens s'en servent pour les criminels d'État ou les prétendants à la couronne, ce qui les rend imbéciles et stupides. Voyez Chardin, tome IV, page 20.

On l'introduisit de là dans la salle des festins : c'était un dôme d'albâtre soutenu par cent colonnes de marbre blanc ; les bases et les chapiteaux étaient ornés d'animaux et d'oiseaux dorés. Schach-Alled, au milieu de ses courtisans debout, s'assit sous un dais magnifique de brocart, et on posa devant lui une table surchargée de grands vases de porcelaine, de cristal, de jaspe, de jais, de porphyre et d'agate ; mais en vain des esclaves lui présentèrent les mets les plus exquis : ils n'excitaient que son dégoût : « Visir, dit-il avec mauvaise humeur, tout cela n'aiguise pas mon appétit comme les ragoûts de ma nourrice : si, demain, je n'ai pas faim, vous serez empalé. » Et puis, se renfonçant brusquement dans le coin du sopha : « Voyons, dit-il, vous m'avez vanté vos amusements : que l'on me désennuie ! »

À peine avait il parlé, que cinquante bayadères[20] richement habillées entrèrent dans la salle en chantant ; cinquante musiciens les accompagnaient : les uns tiraient les sons les plus doux de la flûte persique, du hautbois et du luth ; d'autres balançaient dans leurs mains le léger tambour de basque ; et des éclairs jaillissaient du tam-tam qu'agitaient au milieu d'eux six noirs d'une taille gigantesque.

Alors, de jeunes filles entrèrent en cadence, des écharpes de pourpre, d'or et d'azur à la main : tantôt elles enlaçaient en draperies légères ces tissus éblouissants, et l'on croyait voir un essaim de houris[21] au milieu des nuages et des feux de l'Orient ; tantôt elles se fuyaient, se rapprochaient, se confondaient pour se fuir encore. Mais la musique se ralentit : les séduisantes odalisques s'arrêtent et forment un demi-cercle ; une d'elles s'avance : ses cheveux noirs tombent en boucles parfumées sur ses blanches épaules ; son sourire est doux, son regard rêveur ; rien que d'entrevoir son sein demi-nu, on

---

[20] Danseuse sacrée hindoue, et par extension danseuse professionnelle de spectacle. (N.d.E)

[21] Femmes à la beauté extraordinaire qui accueillent au Paradis les Musulmans méritants. (N.d.E)

tressaille de volupté. Elle marche timidement et les yeux baissés... Soudain un jeune danseur accourt près d'elle : le voir et s'élancer comme une gazelle timide à l'aspect du chasseur est son premier mouvement. Il vole à sa poursuite : parfois ses bras semblent enlacer sa taille svelte et gracieuse, et déjà elle est loin de lui ; parfois il feint de succomber à la fatigue, et, tandis que l'imprudente sourit de son triomphe, voilà qu'il effleure ses légers vêtements. Mais peu à peu sa course devient moins rapide ; et elle reporte souvent ses regards vers le beau danseur : elle fuit encore, mais comme à regret. Enfin elle s'arrête : sa main ne repousse plus la main de son amant ; ils confondent leurs brûlants soupirs, leurs lèvres se rencontrent ; et leur danse passionnée retrace tous les transports de l'amour.

« Et vous appelez cela des amusements ? dit Schach-Alled en bâillant et en étendant les bras... Par Mahomet ! Je n'ai jamais éprouvé tant d'ennui. Je passais bien autrement mon temps au château d'Alamuth : que de beaux contes m'y faisait ma nourrice ! J'en rêvais toute la nuit ; et le matin, je n'avais pas assez tôt fait mes ablutions pour l'entendre recommencer ses merveilleux récits. Mais elle est morte, et je ne trouverai jamais quelqu'un qui sache d'aussi beaux contes !

— Commandeur des vrais croyants, répliqua le visir, votre sublime frère aimait à entendre redire au vieil émir Hassan les aventures dont il a été le témoin, ou qu'il apprit de son père Ali, surnommé Moukeded à cause de sa sagesse et de ses profondes connaissances. » Schach-Alled fit un signe, et le visir, quelques instants après, revint accompagné d'Hassan.

C'était un vieillard d'un aspect vénérable ; et, tandis qu'il frappait du front le tapis où reposaient les pieds du calife : « Eh bien ! lui dit celui-ci, vous avez donc la prétention d'être bon conteur ? Je veux bien vous entendre, quand je n'en tirerais que la satisfaction de voir que vous n'êtes pas, en ce genre, comparable à ma nourrice. Je ne cherche pas à vous en faire convenir : d'abord tout conteur est émerveillé de ses récits, et puis ensuite vous n'avez jamais entendu ma nourrice ; mais voyons : quoi qu'il en soit, commencez ; et surtout ne soyez pas monotone comme le cri des Imams, lorsque, du haut des minarets, ils annoncent l'heure de la prière. »

Hassan se prosterna de nouveau, et commença le récit suivant :

« Le calife Aaroun-Al-Raschild avait coutume de parcourir les rues de Bagdad déguisé en marchand, et n'ayant avec lui que Mesrour, chef des eunuques, et Giafar, son premier visir. Outre qu'il lui arrivait souvent des aventures surprenantes, il s'assurait ainsi lui-même que la justice était exactement rendue par les cadis ; et les plaintes du peuple parvenaient jusqu'à ses oreilles ; car cet illustre calife était pénétré de la sentence du sage : *que la vérité s'enveloppe de sept voiles, qu'il faut arracher pour entrevoir tous ses traits.*

» Un soir, après la prière, en traversant le Bezestein[22], il entendit pousser des gémissements : ils partaient d'une tente où brûlait une lampe ; et, à la lueur de cette lampe, il vit à travers la toile un jeune Persan d'une figure agréable, mais dont la pâleur et l'abattement semblaient annoncer la mort prochaine. Un vieillard, assis à ses côtés, lui présentait une coupe que le jeune homme repoussait de la main. « O mon fils, ô mon cher Agib, disait le vieillard, pourquoi ce désespoir dont j'ignore la cause ? Au dernier jour de la lune de Saphar, tu m'embrassais avec tendresse et tu te disais le plus heureux des mortels : nous avons à peine atteint la lune de Gemmadi, et tu veux mourir !... Ah ! Si du moins je connaissais d'où te vient cet affreux chagrin ! Mais tu t'obstines à garder le silence... Agib, Agib, tu n'aimes donc plus ton père ? »

— O mon père, pourquoi voulez-vous connaître le déplorable secret de votre malheureux fils ? répondit Agib d'une voix faible : une fatale passion me consume ; et, quand vous posséderiez les trésors et la puissance d'un visir, vous ne sauriez me donner Zhera[23]. Un jour que j'étais dans cette tente, elle entra suivie de deux eunuques,

---

[22] *Bezestein* ou *Bazaar*, sorte de foire où se réunissent tous les marchands arabes.
[23] *Zhera* signifie *fleur* et *ornement du monde*.

et me demanda des étoffes de soie[24] : pour mieux juger de ces étoffes, elle releva ses trois voiles, et je restai immobile d'admiration à la vue de sa beauté céleste... Dès lors, un feu brûlant et inconnu se répandit dans mes veines : l'image de la belle odalisque me suivait partout ; le sommeil ne fermait plus ma paupière, et j'éprouvais sans cesse un trouble, une agitation inexprimables. Deux jours s'écoulèrent... Quelle fut ma joie, quelle fut mon ivresse, lorsque je la vis entrer de nouveau dans ma tente ! Trompant la vigilance de ses noirs gardiens, j'osai lui adresser à la dérobée quelques paroles ; et, soulevant ses voiles, elle me montra un sourire qui remplit mon cœur d'amertume et de bonheur. Enhardi par cette marque de bienveillance, je plaçai dans les plis des tissus qu'elle avait achetés un grain de raisin, un morceau de charbon, du gingembre et de l'alun enveloppé de soie jaune[25]. Inquiet, agité, tremblant, j'attendis son retour avec une impatience et une crainte mêlées pourtant de je ne sais quel espoir. Je l'entrevis enfin à l'entrée du Bezestein... Oh ! Comme mon cœur palpitait ! Qu'elle était cruelle l'anxiété que j'éprouvais !... Zhera s'avança lentement, et passa devant ma tente sans y porter ses regards ; et lorsque mon désespoir allait éclater... ô bonheur ! Ses mains laissèrent tomber à mes pieds une tulipe noire aux corolles enflammées[26]... Mais, mon père, ses farouches gardiens ont sans doute surpris notre secrète intelligence : depuis ce moment, Zhera n'a point reparu dans le Bezestein ; et la vie m'est insupportable sans elle, et l'ange de la mort peut seul terminer mes souffrances ! »

---

[24] « En Turquie, les femmes ne sont pas enfermées aussi durement que quelques écrivains l'ont fait croire ; elles jouissent, au contraire, de leur liberté dans un très haut degré ; quoiqu'au sein de l'esclavage, elles ont une manière de sortir déguisée, très propre à favoriser les aventures galantes. » *Lettres de Milady Montague.*

[25] Dans le langage symbolique des Orientaux, ces différents objets signifient : *mon désir secret est de te révéler mon amour. Je ne t'ai vue qu'une seule fois, et mon cœur t'appartient ; mais je m'inclinerai comme une fleur flétrie, tandis que tu t'épanouiras à la douce chaleur de la prospérité, si tu ne daignes me répondre et guérir les maux que j'endure.*

[26] Une tulipe noire, dans le langage symbolique, veut dire : *Je partage ton amour, et je languis de ton absence.*

« Mesrour, dit le calife, quelle est cette Zhera dont la beauté inspire une passion si violente à ce jeune Persan ? J'ignorais qu'il y eût dans mon sérail une odalisque de ce nom : va la chercher, et amène-la dans la tente d'Agib. — Giafar, ma course nocturne n'est pas perdue, ajouta-t-il avec une joie visible : je vais rendre heureux un de mes sujets. Plût au ciel que Mahomet me permît de combler ainsi tous les vœux des fidèles croyants de mon empire ! » — « Ce souhait est digne d'Aaroun-Al-Raschild, répondit le sage visir ; mais le cœur de l'homme est insatiable, et toute votre sublime puissance ne saurait satisfaire les vœux que ne cesserait de former même le plus misérable des habitants de Bagdad. Agib lui-même, dès que les premières illusions de son amour seront dissipées, s'abandonnera à d'autres désirs... »

« Giafar, répliqua Aaroun, tu ne montres pas en ce moment ta sagesse accoutumée, et je veux te le prou ver : Zhera, dis-tu, ne suffira pas au bonheur d'Agib : eh bien ! j'épancherai sur lui les rayons de ma puissance, et je veux te prouver que les bienfaits d'Aaroun-Al-Raschild peuvent mettre le fils d'un marchand dans l'impossibilité de désirer encore quelque chose. »

« Le calife avait à peine cessé de parler, que Zhera entra tout à coup dans la tente d'Agib. Peindre l'ivresse de ces deux amants, dit l'émir en interrompant son récit, est au-dessus de mes forces, et... »

« Et vous avez raison de ne pas le faire, dit le calife en bâillant : que votre conte, émir, est de mauvais goût ! Vous n'y mettez rien de merveilleux ; et vous n'avez pas encore dit un mot des dîves, des magiciennes, ni même de l'admirable roch[27], sans lequel une histoire ne saurait m'amuser... Ah ! C'était bien autrement que contait ma nourrice ! Achevez pourtant votre récit : j'aime encore mieux l'entendre que cette sotte musique de tantôt ; et, si vous ennuyez comme elle, on peut du moins s'endormir en vous écoutant. »

---

[27] Oiseau merveilleux dont parlent souvent les auteurs orientaux.

« Vers le commencement de la lune de Zilcadé, re prit
l'émir, Aaroun-Al-Raschild et Giafar parcouraient encore
le Bezestein ; et le calife se rappela le jeune Persan dont
sa générosité avait comblé tous les vœux. Fût-on calife,
on est toujours flatté de la supériorité que l'on obtient sur
les autres en leur prouvant qu'ils ont tort ; et Aaroun conduisit adroitement le visir près de la tente d'Agfib. »

» Il était sur un sopha, près de Zhera : « Âme de ma
vie, lui disait la belle odalisque, pourquoi ce sombre
nuage de soucis enveloppe-t-il ton front ? Zhera a-t-elle
cessé de te plaire ?... » Et des larmes tombèrent de ses
yeux charmants qu'elle attachait sur Agib. Celui-ci la ras-
sura par de tendres caresses : « Lumière de mes regards,
répondit-il, je te jure par Mahomet que tu m'es aussi
chère que l'ombre du sidrach[28] et l'aspect des houris aux
bienheureux ; tu me parais aussi belle que la tige gracieuse du lotos balancée mollement par le vent du midi ;
mais, te l'avouerai-je ? Depuis que tu es mon épouse, je
regrette de n'être qu'un simple marchand, et je n'ai pu
sans envie voir passer tout à l'heure un émir
qu'environnait la pompe de son rang. »

» Le calife se retira brusquement et sans prêter davantage l'oreille au discours d'Agib.

» Une heure après, une troupe de janissaires, précé-
dée d'un aga et de deux cadis, entoura la tente d'Agib : on
le revêtit d'un cafetan, et tous les assistants se prosternè-
rent à ses pieds en le saluant du titre d'émir. Agib se
croyait le jouet d'un songe envoyé par l'ange Maimoune ;
mais, lorsqu'il eut été conduit aux pieds du calife et ensuite mis en possession d'un magnifique palais, il se livra
à la joie, et, pressant Zhera dans ses bras : « Ah ! s'écria-t-
il, il ne manque plus rien au bonheur de l'émir Agib ! »

» Le nouvel émir était gai, spirituel et adroit : admis
près du souverain commandeur des croyants, il eut le don
de lui plaire ; et souvent Aaroun le faisait asseoir près de
lui, au milieu du sopha royal, pour entendre ses saillies
ingénieuses et ses reparties fines et piquantes.

---

[28] Bocage voluptueux sous l'ombrage duquel Mahomet fait reposer les houris.

» Un jour, le calife s'étonna de la tristesse qui couvrait le visage de son favori : « Agib, lui demanda-t-il, pourquoi des larmes brillent-elles dans tes yeux, quand un sourire forcé entrouvre tes lèvres ? Parle : je t'ordonne de me faire connaître la cause de ta douleur.

"Sublime calife, s'écria le Persan en tombant la face contre terre, je suis un ingrat indigne de vos bontés : vous avez répandu vos bienfaits sur le fils d'un marchand ; et, oubliant son obscure naissance, il gémit d'être obligé de rendre au visir des honneurs que dans son orgueil il ne voudrait devoir qu'à vous seul : tout à l'heure un aga, devant tous les grands de votre cour, m'a durement averti de me prosterner à l'aspect de Giafar ; et, quoiqu'il soit votre œil droit, des larmes de dépit ont baigné mon visage." — "Eh bien ! s'il est mon œil droit, tu seras mon œil gauche, répliqua le calife : visir Agib, levez-vous, et partagez la puissance de Giafar."

» Agib ne se montra pas indigne du pouvoir dont l'avait investi Aaroun : il rendait la justice lui-même, et celui qui osait la lui demander, des présents à la main, était puni du bâton comme un infâme corrupteur. Giafar ne tarda pas à apprécier les nobles qualités du nouveau visir, et s'unit à lui d'une étroite amitié. Chose inouïe ! on vit deux ministres ne pas chercher mutuellement à se perdre, et ne rivaliser que de zèle pour seconder les magnanimes intentions de leur sublime maître.

» Un jour, le calife s'entretenait familièrement avec ses visirs : on vint à parler de bonheur, et Agib fit avec feu l'éloge d'une vie paisible et retirée : « Ah ! disait-il, heureux celui qui dans sa retraite possède une aimable médiocrité ! Plus heureux encore, si de nombreux enfants ne le forcent pas à regarder l'avenir avec inquiétude, si la jalousie, compagne inséparable d'une épouse jeune et belle, n'écarte pas de son cœur le repos et la paix !

— Ce bonheur, dit le sultan, n'est pas, j'en conviens, celui que vous goûtez ; mais enfin, Agib, dans Bagdad il n'est que moi au-dessus de vous : vous partagez ma puissance ; et ce sort est heureux. » — « Heureux ! répliqua le visir, heureux !... Peut-on l'être au milieu des cours, lorsqu'une foule avide et trompeuse s'efforce de faire pencher la balance de la justice que vous m'avez confiée ; quand la crainte de perdre votre faveur, de rendre malheureux les peuples, me tourmente nuit et jour ? Ah ! Si le bonheur peut exister, ce n'est pas chez les visirs qu'il faut le chercher, je le répète ; c'est dans l'humble demeure du paisible et obscur marchand, dont le repos n'est jamais troublé, ni par les inquiétudes que lui cause sa famille, ni par la jalousie, ni par les soucis et les tourments qui s'attachent à l'insensé qui » abandonne aux séductions de l'ambition.

— Agib, voilà justement le sort dont tu jouissais il y a trois ans, s'écria le calife, et tu voulais alors mourir pour te dérober à ce même sort que maintenant tu souhaites avec tant d'ardeur... Ah ! Giafar, Giafar, vous n'aviez que trop raison ! L'homme est insatiable ; et, quand il ne sait plus vers quels objets tourner ses désirs, il les reporte sur ceux qu'il a quittés, et qu'il maudissait alors le grand Allah de lui avoir imposés. »

« Émir Hassan dit Schach-Alled en s'éveillant, quand on s'avise de faire un conte d'une morale aussi suffocante, on ne vient pas le débiter devant notre sopha royal ; et vous mériteriez bien que je fisse de vous un exemple qui épouvantât les ennuyeux, ce fléau le plus redoutable qui puisse s'approcher des califes... Mais, comme il n'est point de supplice plus grand pour un conteur que de lui dire qu'il conte mal, et qu'il préférerait, je crois, passer pour un malhonnête homme plutôt que pour un sot, notre sublime clémence vous fait grâce.

« Ce n'est pas, du reste, si en sommeillant j'ai bien compris trois ou quatre mots saisis au hasard, que votre morale ait tout à fait tort ; je vous dirai même que moi qui vous parle, je ne suis pas sans regretter le château d'Alamuth : d'abord j'y entendais des contes dont j'apprécie bien plus le mérite inimitable depuis que vous vous êtes mêlé de m'en faire ; ensuite ma nourrice, étant seule avec moi, ne cherchait pas à se mettre plus avant dans mes bonnes grâces en les faisant perdre aux autres. Il n'est pas un seul de vous, au contraire, depuis un jour

ALICE

Nouvelle anglaise

1828

> Et les maux qu'on endure, et les maux qu'on soupçonne,
> Et ceux que j'ai chantés, n'empêcheront personne
> D'aimer comme on aimait hier
> (ÉMILIE DESCHAMPS, *Conclusion*)

Alice était la fille d'un pauvre ministre de campagne. Elle avait huit ans quand sa mère mourut ; à douze ans elle devint orpheline.

Le seul parent qui lui restât au monde, mistress Abigaïl Lawton, lingère aisée de la cité, recueillit Alice chez elle, en faisant valoir bien fort l'extrême charité qu'il y avait à ne pas laisser mettre à l'hôpital l'enfant unique de son frère.

Jamais bienfait ne fut aussi chèrement acheté ; car la petite Alice avait à satisfaire aux exigences d'une vieille fille acariâtre, fantasque, exigeante ; et la résignation angélique, le caractère aimant, la gentillesse, l'intelligence précoce de la pauvre petite, ne purent trouver grâce devant mistress Abigaïl.

Alice travaillait du matin au soir ; et si, dérobant quelques instants de relâche, elle se réfugiait dans sa petite chambre pour y lire une ou deux pages d'une vieille édition de *Pamela*, seul legs qu'elle eût hérité de son père, mistress Abigaïl venait la relancer aussitôt, et se récriait sur les tons de lady que se donnait sa nièce : « Ne voilà-t-il pas, disait-elle de la voix la plus aigre qui eût jamais glapi dans la cité, ne voilà-t-il pas une belle occupation pour une fille qui ne possède pas un plack ! Apprenez à gagner avec vos bras de quoi manger un jour du pain, car je ne vivrai pas toujours ; et, quand je ne serai plus, vous aurez bientôt dissipé le bien que j'ai eu tant de mal à amasser... Alors qui vous nourrira ? »

À ces reproches injustes, à ces outrages grossiers, Alice versait des larmes bien amères, et qu'il lui fallait encore s'efforcer de cacher, car elles lui auraient valu une nouvelle diatribe. Sans répondre un seul mot, elle allait se remettre au travail.

Astreinte aux tâches les plus serviles, aux travaux les plus rebutants, Alice ne laissait jamais échapper un murmure ; non pas que les persécutions de mistress Abigaïl eussent produit chez elle cette sorte d'indifférence qui seule aurait pu rendre tolérable une si dure existence : l'extrême pâleur de sa physionomie, sa tristesse habituelle, décelaient combien elle sentait profondément le malheur de sa position.

Deux ans s'étaient écoulés, quand un vieil officier de marine vint occuper un logement chez mistress Abigaïl : touché de la triste situation où se trouvait Alice, le bon vieillard la prit en amitié ; et, grâce à la protection de sir John Clappertuck, le sort de l'orpheline devint un peu plus tolérable.

L'ancien capitaine au long cours était un homme assez instruit : il trouvait son plus grand plaisir à cultiver les heureuses dispositions d'Alice : les progrès rapides de son élève le comblaient de joie. Souvent mistress Abigaïl hochait la tête, en murmurant de voir sa nièce perdre son temps, comme elle le disait, chez le vieux marin ; mais elle n'osait pas se plaindre hautement, car le capitaine en avait fait le serment, si l'on chagrinait sa jolie protégée, il quittait sur-le-champ la maison de mistress Abigaïl pour aller loger à l'autre bout de la rue, chez mistress Southey : or, cette mistress Southey était la maîtresse d'un magasin de lingerie fort achalandé, et avait établi une concurrence redoutable avec mistress Abigaïl. Il n'est point de sacrifice que n'eût fait celle-ci plutôt que de perdre un hôte tel que le capitaine, un hôte que venaient parfois visiter des lords ; si jamais il lui avait fallu voir leur carrosse arrêté devant la boutique de mistress Southey, elle en serait tombée malade de dépit : Alice passa donc près de sir John tout le temps de ses récréations.

Heureuse de recevoir des témoignages d'affection qui lui rappelaient les temps où elle avait un père, Alice aimait le bon vieillard avec tout l'abandon de son âge, et l'entourait des soins les plus doux, des prévenances les plus délicates. Il arrivait souvent au capitaine de dire, avec de grosses larmes dans les yeux, que cet enfant comblait de bonheur la fin de ses vieux jours.

Alice avait dix-huit ans quand le vénérable vieillard rendit paisiblement, entre ses bras, le dernier soupir.

Tout redevint alors pour elle triste, âpre, désert. Mistress Abigaïl comptait que le vieillard la ferait sa légataire ; il n'avait disposé en sa faveur et en faveur d'Alice que de bagatelles de peu de prix : ce désappointement rendit toute son aigreur primitive au caractère de la vieille fille, aigreur augmentée d'ailleurs encore par le chagrin de voir le logement du capitaine rester assez longtemps inoccupé.

Enfin un jeune homme d'Exeter se présenta pour être locataire de l'appartement de feu sir John. Teddy Wolsey ne tarda pas à gagner les bonnes grâces de son hôtesse : c'était un jeune étudiant en chirurgie, jovial, rangé, aimant l'étude, et d'une extrême complaisance pour mistress Abigaïl. Il devint bientôt d'une grande intimité dans la maison : on ne faisait rien sans demander auparavant ses conseils ; et, s'il survenait à la vieille fille une quinte de mauvaise humeur, les joyeux propos de Teddy savaient la dissiper et ramener le calme et la gaîté.

Peu à peu, il s'établit entre Alice et Teddy une douce intimité : la jeune fille se livra au sentiment vague et indécis qu'elle commençait à éprouver, sans chercher à s'en rendre compte. Elle le savait bien, l'affection qu'elle vouait à Teddy ne ressemblait pas à celle que jadis lui inspirait le capitaine ; mais, comme ce mélange d'une langueur douce et d'un plaisir mélancolique qui s'emparait graduellement de tout son être ne lui présentait rien d'alarmant, elle aimait déjà d'amour le jeune homme, qu'elle n'avait point encore songé à s'expliquer la nature de ses nouvelles sensations.

Quelle ne fut pas sa terreur, lorsqu'un soir elle vit ramener Teddy tout sanglant, une blessure au front !... Oh ! Quel horrible désespoir resserra sa poitrine, lorsque le docteur appelé examina longtemps en silence la large plaie, et secoua tristement la tête ! Quelle était son anxiété, quand la nuit, seule à veiller près du malade, elle interrogeait les faibles palpitations de son cœur, en craignant de les sentir s'arrêter !

Durant huit jours et huit nuits, on trembla pour l'existence du blessé, et, durant huit jours et huit nuits, Alice seule veilla près de lui : à peine un sommeil de quelques instants vint-il parfois fermer ses yeux ; encore ce sommeil était-il si léger, qu'au moindre gémissement, debout près du malade, elle offrait à ses lèvres brûlantes le breuvage qui devait les rafraîchir.

Enfin on cessa de craindre pour sa vie ; mais il fallut l'entourer de soins longs, attentifs, persévérants ; et, lorsque le docteur l'annonça, Alice fut affligée d'apprendre que Teddy avait longtemps encore à souffrir, et fut joyeuse en songeant qu'elle serait bien longtemps encore près de lui.

Avec quel mélange de pudeur et de tendresse elle lui rendait ces soins prévenants et doux que seules les femmes savent remplir si affectueusement ! Jamais il n'avait le temps de former un désir : elle lui offrait déjà ce qu'il allait demander ; elle interprétait fidèlement son plus vague regard.

Un soir, elle l'avait aidé à se placer dans un fauteuil ; et, comme sa main posait l'oreiller qui devait soutenir la tête du convalescent, Teddy prit cette main dans ses doigts desséchés et la porta à ses lèvres : une rougeur de feu, puis une pâleur soudaine couvrit tour à tour les joues de la pauvre fille, et il lui fallut s'appuyer contre le fauteuil, car elle était chancelante.

Teddy entoura de son bras tremblant la taille élégante d'Alice : il voulut parler ; mais, trop ému, il put à peine proférer une exclamation. Tous deux gardèrent un long silence, et ce silence était délicieux, car la jolie tête d'Alice reposait sur l'épaule de Teddy ; leurs mains étaient enlacées, et les larmes de la jeune fille venaient tomber une à une sur les genoux du convalescent.

Puis leurs lèvres se rencontrèrent, et ils firent serment de s'aimer toujours.

Ensuite ils se mirent à former de longs et doux projets pour l'avenir, et à se confier mutuellement les plus secrètes pensées de leurs âmes : Alice contait à Teddy les chagrins qu'elle avait subis depuis la mort de sa mère ; et puis, les yeux baignés de larmes : « Je vais être heureuse à présent ! » disait-elle avec un sourire céleste.

Lui, il l'attirait doucement sur sa poitrine : « Mon Alice ! Mon Alice !... Va, nous serons bientôt l'un à l'autre : quand ma mère saura qu'elle doit l'existence de son fils unique aux tendres soins de mon Alice, elle quittera le Devonshire et viendra la nommer sa fille. »

Les trois mois de la convalescence s'écoulèrent si vite pour les deux amants, qu'ils restèrent immobiles de surprise quand le docteur dit à Teddy : « Maintenant il ne manque plus, pour rendre la guérison parfaite, que d'aller respirer quelque temps l'air de votre pays natal. Vous pouvez supporter la fatigue du voyage : j'ai écrit cette bonne nouvelle à votre mère, et voici sa réponse : elle vous mande de partir après-demain. » Il s'éloigna.

Malheureux enfants ! De grosses larmes roulaient dans leurs yeux, et ils se jetèrent en sanglotant dans les bras l'un de l'autre. « Oh ! Non ! s'écriait Teddy, non, je ne veux pas te quitter ! » — « Et votre mère ? Quel sera son chagrin ! » murmura la pauvre Alice, en affectant une fermeté bien loin d'être réelle.

Il partit, et quatre jours s'étaient à peine écoulés, qu'une lettre de Teddy vint consoler Alice, et rendre moins affreux l'isolement où l'avait laissée le départ de son ami : « Il devait le lendemain, écrivait-il, faire confidence à sa mère de ses amours et de sa promesse d'épouser Alice. »

Deux jours après, une autre lettre arriva, et Alice l'ouvrit d'une main agitée par la crainte et l'espérance...

Infortunée ! La mère de Teddy avait défendu à son fils de jamais songer à un mariage si disproportionné. « Mais, disait-il, je tiendrai mes serments : je vais partir en secret pour Londres ; nous nous rendrons à Gretna Green, et là sera formé par le forgeron écossais un hymen sans lequel je n'ai plus qu'à mourir. »

À la lecture de cette lettre, Alice versa des larmes bien amères ; mais elle n'hésita pas un seul instant :

« Mon Teddy, je n'ai que vous au monde pour aimer la pauvre Alice, et le ciel est témoin combien vous m'êtes cher ; mais j'aimerais mieux perdre votre tendresse, que d'acheter le nom de votre épouse au prix des remords que vous coûterait une pareille désobéissance. Différons, mon Teddy, différons un mariage qui ne saurait être heureux puisqu'il serait une mauvaise action ; et espérons tout de l'avenir. » Telle fut la réponse d'Alice.

Elle fut bien récompensée d'un si grand sacrifice, car chaque semaine elle recevait de Teddy des lettres, expression de la plus vive tendresse : en les lisant, elle remerciait le ciel de l'avoir bénie parce qu'elle avait écouté la voix du devoir.

Hélas ! Bientôt les lettres de Teddy devinrent moins tendres et moins fréquentes... Puis elles cessèrent.

Six mois s'écoulèrent.

Il était soir. Assis dans son cabinet, devant un grand feu, Teddy formait des rêves d'hymen et de bonheur ; et l'image d'Alice ne venait point, hélas ! s'associer à ces projets d'avenir : une jeune miss aux yeux bleus, une dot de vingt mille livres sterling, et plus encore, peut-être, la nombreuse et lucrative clientèle du père de sa fiancée, du célèbre chirurgien Olbarn, telles étaient les idées qui caressaient l'imagination de Teddy. En devenant l'époux de miss Olbarn, il s'affranchissait tout à coup de ces entraves décourageantes que doit inévitablement surmonter un jeune débutant dans la carrière de l'art de guérir : protégé du nom de son beau-père, associé à ses travaux, il acquerra sans effort la réputation à laquelle d'ailleurs lui donnent tant de droits les connaissances qu'il a su acquérir à Londres.

Un gémissement soudain le fait tressaillir : il lève la tête... Une femme, Alice, est là, debout devant lui, pâle et se soutenant à peine.

À la vue de l'infortunée, hélas ! une seule crainte agite le cœur de l'ingrat Teddy : la crainte que l'arrivée inattendue d'Alice à Exeter puisse troubler son mariage avec miss Olbarn.

Et quand, faisant un effort, elle s'avança vers lui, et que ses lèvres resserrées par un mouvement convulsif voulurent prononcer quelques mots : « Que venez-vous faire ici ? » lui demanda-t-il durement.

Une sueur de glace ruissela sur le front de l'infortunée ; elle proféra un gémissement inarticulé... Le désespoir avait anéanti toutes les facultés de son être.

Teddy sortit quelques instants avec précipitation... La nuit était sombre et la rue déserte : il rentra, prit Alice par la main, et l'emmena en silence. Elle ne résista nullement, et se laissa conduire stupidement là où il voulut. Ils marchèrent longtemps ; et, quand ils furent arrivés sur la route qui mène à Londres, il dé osa entre les mains d'Alice une bourse pleine d'or, et s'enfuit brusquement. Une auberge est à quelques pas, se disait-il en lui-même : elle y passera la nuit, et demain repartira pour Londres... C'est un remède violent, mais pouvais-je en employer d'autres en pareille occurrence ?

Bientôt l'agitation causée à Teddy par l'arrivée inattendue d'Alice fit place à cet abattement profond, résultat ordinaire d'une détermination extrême : la présence d'Alice, la cruelle manière dont il avait traité l'infortunée, lui apparaissaient maintenant comme un songe bizarre et mensonger ; il n'y aurait point cru, si le remords de sa faute n'eût pesé horriblement sur sa poitrine. En vain faisait-il les efforts les plus grands pour s'arracher aux idées qui le poignaient ; en vain réunissait-il toutes les facultés de son âme pour la concentrer, comme tout à l'heure, dans ses rêves d'ambition : Alice seule, toujours Alice restait là devant sa pensée. Une fièvre brûlante circulait dans les veines de Teddy ; un bandeau de feu étreignait son front... Il se levait, et le repos lui devenait une fatigue intolérable ; il marchait, et ses jambes, brisées par je ne sais quelle lassitude, l'obligeaient à retomber sur le fauteuil qu'il venait de quitter ; il voulait lire et forçait ses yeux à parcourir les pages, mais c'était sans que les caractères vinssent se traduire dans son imagination ; et ses mains tournaient machinalement les feuillets, sans qu'une autre idée eût remplacé l'idée qui l'obsédait, Alice, Alice.

Jamais veille ne fut plus longue et plus douloureuse.

Vers deux heures du matin, le marteau de la porte retentit tout à coup... Il prête l'oreille : serait-ce Alice, Alice qui reviendrait ?... Oh ! Cette fois, il écoutera le cri de la pitié ; cette fois... Le marteau frappe encore ; une voix rauque se fait entendre : ce n'est pas elle ; non, il sait qui.

Il ouvre ; il introduit deux hommes à physionomie sinistre : leur féroce sourire parodiait horriblement la satisfaction d'un marchand qui cherche à rehausser la marchandise qu'il offre.

« Oh ! Pour celui-ci, vous ne l'aurez pas à moins de quinze guinées : nous l'avons payé plus des deux tiers de cette somme. »

— Oui, ajouta son compagnon, il nous coûte cher ! »

Teddy paya aux deux hommes l'argent qu'ils demandaient : alors ils déposèrent sur une longue table un fardeau dont il était difficile de deviner la forme, car un vaste drap l'enveloppait, et la seule lampe qui brûlât dans l'appartement y répandait fort peu de lumière.

Quand les deux hommes furent éloignés et qu'il eut fermé la porte sur eux, Teddy rejeta le tissu : il enveloppait un cadavre dont les restes d'un masque de poix recouvraient à demi les traits noirs et défigurés... « Ils l'ont étouffé ! s'écria le jeune homme en frissonnant d'horreur et d'indignation... Oh ! Les scélérats résurrectionnistes !... Je veux signaler leur crime et en obtenir vengeance ! »... Il approcha la lampe pour tâcher de reconnaître la victime... c'était Alice !

PRESTIGE

Il était quatre heures : la mer, laissant à sec le rivage, ne faisait plus entendre qu'un murmure sourd, et l'on apercevait à peine, à l'extrémité de l'horizon, quelques vagues qui s'y balançaient encore.

La plus grande activité régnait dans le port de Dunkerque : des troupes de pêcheuses, la hotte sur le dos, le filet à la main, et portant, retroussés jusqu'au-dessus du genou, leur épais jupon de laine rouge, s'avançaient, les pieds nus, au milieu des sables durcis que le reflux venait de découvrir : leurs cris confus et singuliers se mêlaient au fracas des voitures, aux jurements que les marins font entendre dans leurs différents idiomes, aux chants plaintifs et cadencés des matelots qui déchargent les bâtiments, et à je ne sais combien d'autres bruits confus ; des mousses au chapeau goudronné, des négociants, des étrangers, des femmes enveloppées de la mantille grise ou noire que l'on nomme *cape* dans le pays ; d'autres, avec toute la recherche des costumes fashionables, parcouraient le port, se croisaient, se séparaient, se formaient en groupes, s'avançaient sur la jetée ; et les rayons du soleil couchant étalaient leurs clartés rougeâtres à travers les voiles détendues, les cordages, les pavillons et les mâts qui s'élevaient de toutes parts.

Quelque pittoresque que fût un pareil spectacle, il n'attira pourtant pas le moins du monde l'attention d'un jeune homme qui traversait précipitamment le port.

Je le crois !... Toutes ses sensations se trouvaient absorbées par l'une de ces joies ardentes et sans restriction qui viennent si rarement dans la vie dilater la poitrine d'un homme ; encore faut-il pour cela qu'il soit jeune et qu'il aime.

Loin de songer à remarquer des effets de lumière, Paul, c'était lui, ne songeait même pas à regarder devant lui ; néanmoins la précaution aurait été bonne, car deux fois il s'attira des interpellations énergiques ; et enfin il se trouva dans les bras d'une personne qui, d'un ton phlegmatique et avec un accent anglais non équivoque, lui demanda : « Paul, êtes-vous fou ?... »

— Sydney, mon ami, vous en ce moment !... Je vous croyais à Londres... C'est mon bon ange qui vous envoie !... Oh ! je suis le plus heureux des hommes ! »

Après ce début, qu'un professeur de rhétorique appellerait un exorde *ex abrupto*, Paul passa son bras sous celui de l'ami qu'il avait rencontré d'une façon si opportune, et il se mit à lui raconter la cause de sa joie. Rien ne convient à une narration animée comme une marche précipitée ; et Paul entraînait avec tant de rapidité son auditeur, que ce dernier s'écria : « Dieu me damne ! Vous ne savez donc pas que j'ai une balle logée dans la jambe ? »

Cette interjection ralentit pour quelques instants la marche de Paul ; néanmoins il reprit peu à peu son allure hâtée, et, quand tous deux arrivèrent à l'hôtel où logeait sir Sydney, la sueur couvrait le front de l'insulaire.

« Mon ami, dit-il en s'arrêtant et avec une gravité toute britannique, je vois que la félicité est pour le moins aussi conteuse que l'infortune.

» Vous avez demandé tout à l'heure en mariage mademoiselle Tréa ; son père, M. Vandermoudt, vous l'a promise : Dieu merci, voilà en une phrase vos confidences de cinq quarts d'heure.

» Moi, je suis parti de Londres avant-hier, et ce matin de Calais : mes affaires me retiennent ici pour deux semaines.

» Je vais me mettre à table : dînez avec moi. »

Paul accepta en riant, ne parla durant tout le dîner que de Tréa, de la charmante Tréa, et ne laissa point de repos à Sydney qu'il n'eût consenti à se laisser présenter chez M. Vandermoudt.

Sir Edward Sydney céda à la fin ; et, après s'être retiré dans un cabinet dont il mit un soin extrême à fermer la porte, il en sortit mis avec une élégance et un goût que n'aurait point désavoués le plus recherché *dandy*.

Sir Edward pouvait être âgé de quarante ans : la première fois qu'on le voyait, une tournure distinguée, des dents d'une blancheur et d'une régularité admirables, de beaux cheveux blonds et beaucoup de grâce dans les manières, produisaient cette impression favorable qui dispose tant à la bienveillance.

Seulement, après un examen plus attentif, on découvrait dans son regard une discordance et des effets bizarres dont on restait affecté.

Du reste, il s'exprimait en français avec une grande facilité, quoiqu'il y eût un peu de rauque et d'entravé dans sa prononciation ; la gêne produite par sa blessure à la jambe gauche était peu sensible, ne manquait même pas d'une certaine grâce, et, bien loin de lui nuire, reflétait sur lui cet intérêt qu'inspirent presque toujours les cicatrices d'un soldat. Ajoutons aussi que cette blessure n'était point la seule, car il éprouvait quelque embarras à se servir du bras droit, et la main en restait constamment couverte d'un gant.

Le portrait de mademoiselle Tréa sera moins long : fille unique, enfant gâté ; des caprices délicieux, et d'un fantasque à désespérer un mari ou à le rendre le plus heureux des hommes ; nourrie de romans comme toutes les jeunes filles de province, et par conséquent exaltée ; d'un jugement incorrect et se faisant le type du bonheur sous les traits d'un officier de cavalerie, à l'épaulette et à la croix duquel chaque factionnaire porte les armes.

Du reste, se laissant marier à Paul sans regret comme sans joie, et se disant en elle-même : C'est un bon garçon qui m'aimera autant qu'il est capable d'aimer, c'est-à-dire tout doucement, et près duquel je trouverai une sorte de bonheur négatif.

Le rang que donnaient au père de Tréa sa considération et sa fortune n'était que secondaire ; d'après l'expression consacrée, on le mettait parmi les bons bourgeois, et rien de plus : la vanité de la jeune fille se sentit flattée quand Paul, avec un solennel inusité pour lui, présenta d'abord à M. Vandermoudt, puis à mademoiselle Tréa Vandermoudt : « Monsieur le colonel sir Edward Sydney, de Sydney-Hall. »

Les façons distinguées de sir Edward, qui faisaient contraste avec les manières rondes et bourgeoises de Paul, inspirèrent d'abord à Tréa une sorte de crainte mêlée de défiance d'elle-même et de respect pour sir Edward : elle ne se livra pas ce soir-là à son babil accoutumé, dévergondage délicieux qui débordait de malice et de candeur ; elle se tenait sur la réserve, et répondait avec timidité.

Ce fut une grande affaire pour elle, quand le lendemain elle vit arriver seul sir Edward.

Paul était parti, le matin même, pour une affaire importante qui devait le retenir absent pendant un mois au moins.

D'un côté, elle ne voulait point passer pour une sotte, et, de l'autre, elle ne pouvait surmonter l'impression de supériorité que sir Edward produisait sur elle ; elle était flattée de se voir en rapport avec un homme de son rang et de son mérite, et cependant cet homme lui imposait de la manière la plus cruelle.

Il y avait dans le caractère de sir Edward cette exaltation qui, bien loin d'être incompatible avec l'expérience et le désenchantement, en est plutôt la compagne, sinon la conséquence.

Éperdument épris de la grâce et de l'esprit naïf de Tréa, il s'était bien promis, la veille, que cette charmante créature ne serait pas à Paul. Riche, puissant, habitué à satisfaire ses moindres caprices, le départ de Paul le servait à merveille : c'était à lui à faire le reste ; et il se mit à l'œuvre avec la confiance d'un homme dont l'expérience et l'esprit garantissent le succès, et la défiance d'un amant qui aime beaucoup, et qui partant tient trop à réussir pour ne pas craindre vivement d'échouer.

Le colonel avait remarqué, sans chercher à la détruire, cette impression de supériorité qu'il avait produite sur Tréa : loin d'être défavorable à ses projets, elle devait les servir.

Il se montra tellement spirituel et tellement aimable, que Tréa se sentit attirer vers lui par un charme doux qui tempéra, sans le détruire toutefois, le sentiment qu'elle éprouvait du mérite supérieur du colonel.

Le lendemain et les jours suivants, sir Edward continua à entourer Tréa des soins les plus assidus. Au reste, il ne parlait jamais d'amour ; il faisait mieux : il laissait voir qu'il aimait.

Il fallait amener insensiblement la fiancée de Paul à renoncer à celui dont son père et elle avaient consacré les droits : c'était là une trahison qui contrariait, qui révoltait les idées romanesques de la jeune enthousiaste, et puis l'éclat et le scandale d'une pareille rupture ! Les propos de petite ville ! Être montrée au doigt, subir des sarcasmes, des atrocités doucereuses !...

Le colonel lisait dans les pensées de Tréa.

Il continua donc son habile séduction, en se mettant toujours, et cela par des moyens indirects, en parallèle avec Paul : c'était se faire valoir, et dénigrer, perdre celui-ci qui, plus jeune, il est vrai, ne possédait néanmoins aucune des qualités brillantes de sir Edward.

Néanmoins, il ne l'aurait peut-être jamais emporté, s'il n'eût dissipé ces idées de trahison en leur opposant le caractère romanesque de Tréa, et en les faisant disparaître sous des sentiments généreux.

D'un caractère naturellement mélancolique, il tira parti de cette disposition : il laissait entrevoir qu'un chagrin profond le consumait. Ce désespoir sombre, et qui pourtant ne proférait jamais une plainte, inspira à la jeune fille ce tendre intérêt qui, bien différent de la pitié, ne l'est de l'amour que par une nuance imperceptible, et dont l'effet est d'autant plus sûr que l'on se tient moins en garde contre lui, et que le mystère le revêt de son attrait.

Les progrès de ce sentiment étaient rapides chez Tréa ; mais il fallait encore les hâter davantage, car Paul allait revenir, et avec lui bien des scrupules oubliés..., et la pudeur de lui dire en face : « J'en aime un autre que vous, vous à qui j'ai promis d'être votre femme. »

L'occasion d'une lutte décisive se présenta le lendemain : le colonel était seul avec Tréa ; Tréa se livrait avec charme à un de ces entretiens que le laisser-aller, la confiance, et une tendresse que l'on ne s'avoue pas encore ou que l'on se dissimule, rendent si délicieux.

Elle vint à parler de bonheur : elle cita quelqu'un comme un homme heureux.

« Heureux !... » dit-il.

» Heureux ! il y en a bien que l'on dit heureux !...

» Et, si l'on savait ce qu'ils souffrent, peut-être ne voudrait-on pas changer de sort avec eux, au prix de la mollesse du luxe, de l'éclat du rang, de la gloire du renom.

» Peut-être ne le voudrait-on pas, n'eût-on pour dormir qu'un peu de paille, pour manger que du pain noir.

» Je connais un homme dont chacun enviait le sort : aimable, dit-on, recherché, un grand nom ; et puis des richesses à satisfaire les plus vastes désirs.

» Il est pourtant bien malheureux !

» Il n'entre ni faste ni exagération dans sa douleur : il se laisse aller au milieu des plaisirs de la vie, in souciant, et sans en recevoir de bienfaisantes impressions.

» Une douleur atroce et prolongée donne l'insensibilité aux facultés morales, comme elle la donne aux facultés physiques ; seulement, les unes guérissent quelquefois, les autres jamais.

» Il aimait, il était aimé : une femme, un ange lui avait sacrifié tout, bonheur, passé, avenir, conscience ; il était digne de pareils sacrifices.

» Il en était digne ; car il ne regardait pas l'amour comme une lutte frivole du plaisir et de la vanité, un duel où l'on déploie la ruse, où l'on raffine l'adresse, et après lequel on se quitte froids et indifférents.

» Aimer, s'unir l'un à l'autre pour la vie, malgré le malheur et le désespoir, lui pour elle, elle pour lui : voilà ce qu'il entendait par aimer ; voilà ce qu'elle entendait par aimer.

» Pauvres insensés !

» Et elle était à un autre, et il savait leur amour, et il avait cruellement vengé ses droits méconnus ! Elle n'avait donné à son ami qu'une tendresse que lui seul pouvait comprendre, que lui seul pouvait inspirer : n'importe ! Elle appartenait à un autre, corps et âme ; pensées, imagination, désirs, rêves, tout était à un autre.

» Cet autre le réclama ; il réclama le pacte qu'elle avait signé, pauvre jeune fille sans expérience et dont les parents avaient guidé la main !

» Il proposa à l'infortuné… à celui dont je vous dis l'histoire, ou l'exil pour lui, ou l'opprobre pour elle.

» L'opprobre pour elle !… Ce monde aurait ri à sa chute comme l'enfer à la chute d'un ange.

» Il s'exila.

» Durant cinq années, deux personnes connurent seules au monde en quels lieux il s'était réfugié : un ami sûr et elle.

» Enfin, elle redevint libre : le pacte qui l'unissait à un autre fut brisé : car la mort seule peut briser un tel pacte.

» Et lui, il reçut une lettre qui lui disait : « Reviens, car je puis être à toi. »

» À toi !…

» Quoi! Ensemble, toujours ensemble ! Ne plus se quitter, ne plus attendre comme un bonheur des lettres envoyées à des intervalles longs, incertains ; des lettres, non pas d'elle, mais d'un autre, qui disaient : « Je l'ai vue : elle t'aime et elle pleure. »…

» À toi !…

» Maintenant ensemble, toujours ensemble ! Des bras enlacés, des lèvres qui se cherchent !

» Avouer son amour devant l'univers entier ! Dire : « Je l'entoure, je la protège de ma tendresse ! Elle est à moi ! je suis à elle ! Elle est mon épouse ! Elle sera la mère de mes enfants ! »

» Oh ! Quel plaisir, des enfants !... Se voir renaître ! S'étreindre par de nouveaux liens !... Des enfants qui m'aimeront autant qu'elle m'aime, que j'aimerai autant que je l'aime !...

« Allons, allons ! Plus vite ! Voilà de l'or : pressez vos chevaux, hâtez-vous ! »

» Jamais distance ne fut franchie avec tant de promptitude qu'il franchit les deux cents lieues qui le séparaient d'elle.

» Il arrive, il court : « Où est-elle ? »... On l'arrête, on lui parle : « Laissez-moi, laissez-moi... Elle ! Elle ! Je ne veux qu'elle ! »

» Il les repousse tous, il les écarte ; il parvient jusqu'à elle... La voilà !

» Elle dort.

» Près d'elle est le crucifix devant lequel, hier, elle pria pour lui ; car maintenant elle peut prier pour lui : son amour est chaste et vertueux.

» Il n'ose la réveiller : son sommeil est si pur ! Son beau front repose avec tant de grâce !

» Comme elle est pâle ! Voilà les traces de ce qu'elle a souffert pour lui ; car elle a bien souffert, souffert autant qu'une femme peut souffrir : désespoir, angoisses, opprobre, et tout cela par amour pour lui !...

» Dans ses bras, dans ses bras ! il faut qu'il la presse dans ses bras !...

» Ses lèvres fraîches !... Ses yeux fermés !...

» Morte !... »

— L'infortuné ! » s'écria Tréa, vivement émue par ce récit.

— Oh oui ! Bien infortuné, reprit Sydney, bien infortuné !... Car, après dix ans de désespoir, après avoir cru son âme brisée à tout jamais et incapable d'aimer, le malheureux en aime une autre !.... Un ange comme elle. »

— Mais celle-là qui pourrait faire oublier de telles souffrances, celle-là qui pourrait faire palpiter encore de joie un cœur flétri par le désespoir »

— Tréa, elle en aime un autre ! Un autre va la posséder ! »

Des deux mains il se couvrit les yeux.

La jeune fille laissa aller sa tête sur la poitrine de Sydney, et y cacha son visage.

Et lui, il prit tout doucement une main qu'elle lui abandonnait, et il la couvrit de baisers et de larmes.

Il s'écoula quelques moments.

« Tréa, murmura-t-il ensuite avec émotion, Tréa, ma Tréa !... »

Tremblante, joyeuse, troublée, elle leva tout doucement les yeux vers lui... Un cri expira sur ses lèvres ; ses joues pâlirent et se crispèrent.

La bouche de Sydney était béante, ouverte comme jamais bouche humaine ne s'ouvrit ; des efforts convulsifs empourpraient son visage, son visage à l'étrange et fixe regard.

Il semblait un vampire prêt à dévorer... Sydney rejeta de ses bras la jeune fille, se précipita dehors, et revint presque aussitôt, le sourire sur les lèvres.

« Le bonheur, allégua-t-il, lui avait causé une violente convulsion ; mais le grand air avait suffi pour le guérir. »

Bientôt et peu à peu, sa grâce et son amabilité dissipèrent l'impression fâcheuse qu'avait produite cet incident bizarre ; il acheva de le faire oublier par des plaisanteries douces, qu'il changea graduellement en propos tendres et en protestations passionnées.

Le lendemain, au point du jour, Sydney se rendit chez Paul qui descendait de voiture, eut un long entretien avec lui, le quitta, et alla le rejoindre une heure après, hors de la ville, armé de pistolets et accompagné de deux témoins et de deux domestiques.

Du premier coup sir Edward tomba : une balle lui avait cassé la jambe gauche, la jambe à laquelle déjà se trouvait une blessure. On la vit se replier à la hauteur du genou, le talon en avant...

Paul prit la fuite, et les témoins s'empressèrent autour du colonel ; mais il s'enveloppa dans son manteau, refusa obstinément leur aide, et se fit transporter par ses domestiques dans une voiture qui l'attendait à quelques pas.

Un courrier fut dépêché pour Londres, durant la nuit, par le colonel, et, dès qu'il fut de retour, on s'émerveilla de voir son maître quitter le lit et se rendre chez le père de Tréa, sans boiter plus qu'il ne boitait avant son duel.

À quinze jours de là, se fit le mariage de sir Edward Sydney, colonel et baronnet, avec mademoiselle Tréa Vandermoudt.

Les nouveaux époux partirent aussitôt pour Londres, au grand regret des oisifs et des médisants de Dunkerque, sorte de gens qui affluent dans les petites villes, et pour lesquels un commérage est la plus grande jouissance... J'en excepte pourtant le plaisir de répandre une calomnie.

Depuis un an, Tréa est la femme de sir Edward.

Pour porter ce nom, pour être à lui, elle a tout sacrifié, jusqu'à sa propre conscience et la foi donnée à un autre ; tout quitté, jusqu'à son père, jusqu'au beau pays de France !

Malheureuse qu'elle est ! En achetant ce nom à un prix semblable, elle croyait acheter le bonheur : hélas ! Elle n'a acheté que deux choses auxquelles elle n'avait jamais songé : le rang et la fortune.

Des caresses tendres et suaves, des paroles d'amour murmurées et répétées par des lèvres si proches les unes des autres qu'elles frémissent de la tiède vapeur de leurs souffles qui se confondent... Ne jamais se quitter... Deux en un... Voilà, oh ! Voilà le bonheur qu'elle avait rêvé avec lui !

Au lieu de cela, une contrainte mystérieuse et inexplicable !... On dirait qu'il craint d'être brisé de ses étreintes, dévoré de ses baisers !

Passer les nuits seul, loin d'elle, dans un appartement où nul autre que lui ne pénètre, n'a pénétré !... Jamais pour lui d'épouse qui s'endorme mollement dans ses bras, en murmurant des paroles d'amour ; jamais pour lui le réveil d'une épouse dont les songes et la volupté ont laissé demi-nues les blanches épaules et le sein palpitant !

Toujours une désespérante réserve ! Toujours dépouiller l'amour de ses plus doux prestiges, de ses charmes les plus enivrants ! Ravaler la volupté presque jusqu'à l'outrage !...

Il vient de la quitter : il vient de se retirer dans cet appartement dont lui seul connaît les mystères, dans cet appartement que n'ont pu faire ouvrir à Tréa ni les supplications ni les larmes.

Et quels sont les mystères qui s'y passent ?

Déjà trop d'étrange et de menaçant l'entoure : ce regard fixe et satanique cette horrible convulsion, cette bouche béante de vampire qu'elle a vue un soir... Cette blessure mortelle guérie miraculeusement... Pourquoi cette vie cachée ?... Sans être superstitieuse, Tréa ne peut s'empêcher de croire à quelque chose de surnaturel.

Mais, qu'il en advienne ce qu'il pourra ! Voilà trop de désespoir, trop de doute, trop d'angoisses ! Elle est son épouse : elle a le droit de pénétrer là où peut-être on outrage le titre sacré qu'elle tient du ciel et des lois...

Elle se lève, elle fait un pas... Et puis, effrayée de ce qu'elle veut faire, elle s'arrête...

À la longue, elle s'arme de toute la résolution dont elle est capable, et marche à pas incertains et lents jusqu'à la porte de l'appartement mystérieux.

Là, elle hésite de nouveau.

Elle se penche, elle écoute : pas une parole, pas un mouvement, pas un bruit !

Elle allait s'éloigner quand la lune, sortant tout à coup d'un nuage, vint reluire sur une clef... Une clef !... Il a oublié de la retirer !

Elle peut entrer.

L'hésitation et ses crispations angoisseuses s'emparent d'elle de nouveau.

Enfin, elle tourne la clef ; elle pousse lentement la porte ; elle entre.

Une obscurité profonde... Point d'autre bruit que le souffle de sa bouche, que les palpitations de son cœur.

Si elle osait soulever les rideaux épais de la fenêtre !....
Elle y porte la main : l'étoffe cède, tombe, et la lune
inonde l'appartement de sa lumière fantastique.

Alors une voix baveuse menace ; alors une tête
chauve et nue se dresse, une tête chauve dont l'un des
yeux n'est qu'un trou vide, une tête chauve dont les joues
flasques retombent des deux côtés d'une bouche sans
mâchoire, une tête chauve, affreux complément d'un
tronc mutilé auquel restent seuls un bras et une jambe !

À présent, elle est folle.

LE PEINTRE GHIGI

AVENTURE ROMAINE

1480

> Je ne me suis jamais expliqué bien claire-
> ment, et de façon à me satisfaire, comment
> les uns égorgeaient un homme de même
> qu'un pourceau, n'en tenant aucun compte
> après leur crime, et comment les autres en
> concevaient d'horribles remords.
>
> J'ai eu beau m'alléguer à moi-même
> l'organisation plus ou moins nerveuse,
> l'éducation plus ou moins développée :
> il ne m'en est pas moins resté prouvé que le
> remords, de même que les maladies, échéait
> aux uns et ne touchait pas les autres.
>
> (FABIEN, D.-M., *de l'Organisation
> morale de l'Homme*, ch. VII)

Heureux qui n'a point de remords ! S'il se jette sur son lit, il se laisse aller bientôt à un sommeil frais et paisible : il ne halète point dans les étreintes du cauchemar ; il ne se réveille point en sursaut ; il ne jette point autour de lui des regards insensés.

Il n'aspire point au jour comme à un bienfait ; et, le jour, il n'a point là une idée implacable, une idée, affreux fantôme qui attache sur lui d'insupportables regards, qui n'abaisse jamais le doigt accusateur étendu vers lui.

Il ne répond pas d'un ton brusque aux paroles d'amour de sa jeune femme ; il ne repousse point son enfant qui vient l'embrasser ; il ne s'irrite point de ses jeux bruyants.

Il n'a point de remords !

On m'envie mon renom et ma gloire : c'est une couronne de fer rouge qui brûle mon front et que je ne puis en arracher.

On m'envie mon palais, ma villa, mes domaines, ma voiture, mes chevaux : je les donne, je donne tout à qui m'ôtera mes remords.

Mais cela n'est point possible, hélas ! Non, cela n'est point possible, car j'ai tout fait pour me délivrer de mes remords !

Je n'ai jamais pu !

Je me suis agenouillé dans le confessionnal d'un prêtre : j'y poussais de tels sanglots, j'y frappais ma poitrine avec un tel désespoir, que l'homme de Dieu disait : « Mon fils, il n'est point de péché qui ne puisse faire remettre un si grand repentir. »

J'ai parlé : le prêtre s'est enfui.

Après cela, de jeunes artistes m'ont demandé pourquoi j'étais pâle, pourquoi mes lèvres n'avaient plus jamais de sourire : — « Viens avec nous : une peine secrète te ronge, et il n'est point de peine dont ne guérissent les joyeuses orgies ; viens : des chants voluptueux que l'on répète en chœur ; viens : du vin qui enivre ; viens : des femmes demi-nues qui enivrent bien mieux encore ; voilà, voilà ce qu'il te faut ! »

Je les suivis ; et quand leurs propos devenaient plus bruyants, lorsque, chancelants, ils roulaient sur le gazon dans les bras de leurs maîtresses, je buvais, je buvais, je buvais encore ; car je me disais : Quel bonheur ! je vais être comme eux : je n'aurai plus de raison !

Hélas ! Le vin n'avait point d'ivresse pour moi.

Une fois, je vis un ermite qui vivait loin des hommes : il me vanta le calme trouvé par lui dans sa retraite, et je me sauvai dans un désert.

J'eus beau prier, j'eus beau m'imposer les plus grandes austérités, j'eus beau me déchirer à coups de discipline : là, toujours là, mon exécrable idée !

On me dit que les femmes avaient des secrets merveilleux pour rendre la paix à celui qui l'a perdue ; que nul être au monde ne savait comme elles endormir la douleur et le désespoir ; on me dit que, bercé dans leurs bras, la tête appuyée sur leur sein, on redevenait paisible et sans remords ; qu'elles purifiaient et faisaient oublier.

J'épousai Marianna, un ange de beauté, de douceur et d'amour ; la plus céleste des créatures qui jamais ait murmuré des paroles enivrantes à l'oreille d'un homme.

Ses caresses me font mal, elles me tuent : je n'ai pour y répondre que des gestes de refus, des mots indifférents, durs.

C'est qu'elle me nomme Ghigi.

Ghigi, Ghigi !... Toujours partout cet exécrable nom !

Les Romains, les étrangers, ma femme, mon fils, toujours Ghigi, toujours Ghigi !

S'ils savaient quel mal ils me causent, quel poignard ils me montrent, quel râle sourd ils me font entendre !

Car je ne suis pas Ghigi, moi : c'est Antonio Ferragio que je me nomme... Ghigi, c'est un nom que j'ai volé, un nom où il y a de l'ingratitude, de la trahison, de l'adultère, du vol, du meurtre !

Oh ! S'il n'y avait point d'enfer, si la mort était le néant, comme je mourrais aussitôt !

Mais une vie sans fin, une vie de châtiments éternels, une vie où j'entendrai toujours ce nom : Ghigi, Ghigi !

Jamais ma tête, jamais mon âme ne concevront une idée où ne se mêle ce nom : il est devenu inhérent à ma nature ; il me tourmente, il est pour moi une nécessité. Et maintenant encore que je suis seul ici, seul au milieu de la nuit et du silence, dites-moi comment il se fait que je trouve, à écrire des idées qui me désespèrent, un horrible plaisir, tourment comme l'enfer n'en a point ; dites-moi comment une force impérieuse m'attache à cette table, fait mouvoir cette plume.

Ah ! Puissiez-vous ne jamais éprouver de remords !

Il fut un temps aussi où je n'éprouvais point de remords, moi : j'étais alors un jeune homme à taille svelte, à chevelure noire et bouclée, un jeune homme qui se laissait aller avec délices à une vie précaire et nonchalante. Le plaisir était ma grande, mon unique affaire : je jouissais du moment présent, et n'avais jamais un souci pour le quart d'heure qui devait suivre, encore moins pour le lendemain.

Une nuit, une seule nuit vint pourtant changer ma destinée, et faire de moi le plus scélérat et le plus misérable des hommes !

J'avais passé à faire débauche une partie de cette nuit fatale : la tête échauffée par le vin, j'errais à l'aventure dans les rues de Palerme avec un ami, quand nous rencontrâmes une señora qu'escortaient deux cavaliers : « Je parie, m'écriai-je, que je fais lever le voile de cette belle inconnue. » — « Je t'aiderai, » répondit le fou qui m'accompagnait... Cela coûta la vie à deux hommes : un des cavaliers et mon ami tombèrent.

Pendant ce temps, moi je levais le voile de la señora : c'était la vieille mère du gouverneur. « Antonio Ferragio, me dit-elle, ta tête expiera la mort de mon frère ! »

Où trouver un asile ? Déjà des sbires accouraient aux cris de la señora, à ces cris implacables qui ne cessaient de nommer Antonio Ferragio... Je me mis à fuir sans but ; et, quand vint le point du jour, j'étais parvenu seul à quelques lieues de Palerme, et sur le bord de la mer.

Je me laissai tomber sur le sable, dans un stupide abattement produit par la fatigue et le désespoir : je résolus d'attendre là un sort auquel je ne pouvais échapper.

Car je ne pouvais nier mon assassinat : une des victimes m'avait reconnu, je ne pouvais m'expatrier : je n'avais pas un sequin ; je ne pouvais trouver un asile : qui m'en aurait donné un aurait péri avec moi.

Un homme, jeune encore, vint à passer à cheval : me voyant là pâle et sans mouvement, il crut que j'avais été détroussé et poignardé par des voleurs, et s'approcha pour me secourir : ses questions, sa pitié me fatiguèrent. Laissez-moi, lui dis-je : j'ai assassiné l'oncle du gouverneur ! »

— Montez en croupe avec moi, venez : je vous donnerai un asile sûr où je défie le gouverneur de vous découvrir. »

Ma mort était inévitable, la mort sur un échafaud ! Jugez de ce que j'éprouvai à ces paroles qui me rendaient l'espérance !

Je m'élançai sur le cheval, et, après une course de trois heures environ, nous arrivâmes devant une villa de peu d'apparence.

L'intérieur de la villa répondait à son extérieur : des murs pauvres et sans tentures.

Mais ils étaient recouverts en partie par des tableaux dignes d'un maître célèbre.

Alors l'étranger me dit : « J'ai votre secret, et, pour vous rassurer sur ma fidélité, je vais vous donner le mien.

» Vous avez entendu parler du peintre napolitain Ghigi, que depuis dix ans les uns disaient mort et les autres parti pour le Mexique.

» Je suis Ghigi.

» Après avoir étudié longtemps mon art dans les pays étrangers, je revins à Naples où nul ne me reconnut, car j'étais orphelin, et quinze années d'éloignement et de voyages m'avaient bien changé.

» J'allais néanmoins fixer ma résidence à Naples et me livrer aux travaux de mon art, quand je vis la fille du comte Rienzi, quand je parvins à me faire aimer de Paola.

» Alors tous mes projets changèrent : je réalisai ma fortune, j'enlevai Paola, et, fuyant la vengeance d'une famille noble et puissante, nous vînmes, sous des noms supposés, chercher un refuge à Palerme.

» J'achetai cette villa, où je mène avec Paola une existence plus heureuse que je ne saurais le dire.

» Oui, le mystère qui nous environne, ne jamais nous séparer, ne vivre que l'un pour l'autre, cultiver l'art que j'idolâtre, ignoré il est vrai, mais aussi sans être harcelé par l'envie, tout cela répand sur notre existence un charme paisible, inexprimable. J'ai échangé la gloire pour le bonheur, et l'amitié trompeuse des hommes pour l'amour de Paola : il n'est point un jour de l'année où je n'en bénisse le cicl !

» Je vous ai révélé ce que nul autre que Paola et moi ne connaît au monde : vous voyez à présent si votre asile est sûr.

Misérable ! J'ai détruit ce bonheur, je l'ai détruit sans retour !... Ah ! Ghigi, comment t'ai-je payé de tes bienfaits !...

Mon oisiveté, ma solitude dans cette retraite, embrasèrent mon sang sicilien... Un jour, hors de moi, j'enlaçai tout à coup de mes étreintes Paola endormie... Elle fut à moi.

Attiré par les cris de l'infortunée, Ghigi accourut pour tirer vengeance... Un coup de poignard le jeta à mes pieds.

Alors je crus entendre éclater des ricanements infernaux ; je crus entendre une voix qui me disait à l'oreille : « Pars pour Rome avec tout l'or de Ghigi. Nul ne te connaît à Rome : prends ses tableaux ; dis : « Je suis le peintre Ghigi ; je reviens du Mexique. »

Oui, c'est le démon qui me donna ce conseil, car quel homme pourrait concevoir pareil forfait ? Oui, c'est le démon : je sentis son haleine brûlante s'exhaler sur mon oreille !

Mais cette femme... Mais ce cadavre de Ghigi... Il peut revivre encore : sa langue peut parler ; sa main peut écrire...

Une rage délirante, un vertige de feu s'emparèrent de moi... Et, quand je recouvrai ma raison, j'étais à bord d'un vaisseau dont le canon saluait le port de Nettuno, et je me tenais assis sur une caisse où se trouvaient tous les tableaux de Ghigi.

Arrivé à Rome, j'exposai quelques-uns de ces tableaux : je m'en dis le peintre ; et bientôt on répéta avec enthousiasme le nom de Ghigi ; on s'arracha ses tableaux. J'eus de la gloire ; je devins riche, et l'enivrement de la gloire et de la fortune m'étourdissait sur le souvenir de mon crime : il revenait parfois, à de longs intervalles, me persécuter ; mais le tourbillon des plaisirs et leurs prestiges l'étouffaient.

J'eus ainsi, durant près de deux années, une sorte de bonheur.

J'avais vendu tous mes tableaux, excepté un seul représentant une madone qui allaitait son fils : le prince Borgia le vit, m'en donna une somme considérable, et le fit transporter aussitôt dans sa galerie. Ce tableau n'était couvert d'aucun voile durant le trajet, et, saisie d'admiration, la foule se rassembla bientôt autour de ce chef-d'œuvre et se mit à le suivre jusqu'à la galerie du prince, en saluant avec transport le nom de Ghigi. On porta l'exaltation si loin, qu'il me fallut assister à ce triomphe improvisé, et suivre le tableau dans la voiture découverte du prince, au milieu de cris enthousiastes.

Il y avait tant de monde, que la charrette d'un patient que l'on conduisait au supplice ne put passer : c'était un mendiant muet qui, poussé par le besoin, avait volé un morceau de pain... À ma vue, en entendant le nom de Ghigi, il se dressa, étendit vers moi deux mains mutilées, de sa langue coupée chercha à dire quelques mots... et retomba avec désespoir.

C'était Ghigi !

Ah ! puissiez-vous n'avoir jamais de remords !

LES JOUISSANCES
DE LA MORT

AVENTURE ROMAINE

1480

> Les gueux, les gueux
> Sont les gens heureux ;
> Ils s'aiment entre eux :
> Vivent les gueux !
> D'un palais l'éclat vous frappe,
> Mais l'ennui vient y gémir.
> On peut bien manger sans nappe ;
> Sur la paille on peut dormir.
> Les gueux, les gueux
> Sont les gens heureux ;
> Ils s'aiment entre eux :
> Vivent les gueux !
> (P.-J. DE Béranger, *les Gueux*)

Scarron, dans son Roman comique, fait le tableau le plus drôle du genre de vie que mène une troupe d'acteurs ambulants : le spirituel Cul-de-jatte a tellement saisi la nature sur le fait, que sa bouffonne peinture, comme les comédies de Molière, reste encore vraie de nos jours, sauf des teintes où il a mis un peu trop de crudité. Disons encore, pour l'entier acquit de notre conscience, qu'il faudrait raboter des formes trop biscornues, et rajeunir certains détails de mœurs devenus surannés.

Ce serait toujours le même homme : seulement il aurait échangé son pourpoint et son haut-de-chausse contre une redingote et un pantalon.

Quoi qu'il en soit, je ne connais point au monde d'existence plus joyeuse, plus divertissante, plus chanceuse, plus variée, plus féconde en incidents, que l'existence des petites troupes nomades qui exploitent la province : aujourd'hui riches et salués d'applaudissements, demain sans un sou et sifflés ; mais toujours gais, toujours goguenards envers le sort ; se hâtant de dévorer la provende qu'il envoie, riant de ses rigueurs et faisant la figue aux soucis ; gueux et prodigues, charitables et ne payant pas leurs dettes, paresseux comme des moines, voluptueux comme une Napolitaine, c'est un mélange de vices et de bonnes qualités, de raison et de folie, à n'y rien connaître. Il y a dans ces gens-là du Montaigne, du Rabelais et du Gilblas.

Deux ou trois ans après mon retour à Paris, où Dieu sait comment j'avais rempli les intentions de mon père qui m'y avait envoyé pour étudier le droit, je me pris d'une belle passion pour l'histoire si riche et si poétique de la Flandre : dans mon enthousiasme, je résolus de visiter à pied jusques aux moindres bourgades de ce beau pays. S'arrêter dans chaque endroit illustré par un souvenir ; errer dans les vastes salles où revenaient jadis les ombres des guerriers ; m'asseoir sur les ruines qui avaient formé les oratoires des belles châtelaines ; et, le soir, à la clarté de la lampe, près d'un feu de tourbe, ouïr raconter par quelque villageois une légende dont les évènements s'étaient passés aux lieux mêmes où on les disait : c'était là un projet délicieux ; c'était là du bonheur pour une tête de vingt ans, pour un enthousiaste qui frémissait de tous ses membres à une idée poétique.

Allons, allons ! Il ne faut point différer d'un jour. Six cents francs dans mon gousset, quatre chemises, des plumes, des crayons dans mes poches, et en route !

Ce ne fut que joie et qu'enthousiasme le premier jour : le lendemain, j'avais des cloches aux pieds ; je n'en pouvais plus de fatigue, et je pâtissais au-delà de toute expression du manque de ces petits bien-êtres dont on jouit chez soi sans y songer, et dont il faut subir la privation pour s'apercevoir de ce qu'ils valent.

Je me trouvais donc en une mauvaise chambre de pauvre auberge, non pas à dormir couché dans mon doux et grand fauteuil, mais assis à l'étroit sur une dure chaise de paille, quand une voix se mit à chanter l'air d'*il Barbiere : Largo al factotum della cita*. Une cloison seule me séparait du chanteur ; et, dès les premières notes, je reconnus la voix d'un étudiant en droit, naguère mon commensal : « Théophile ! » m'écriai-je... La porte s'ouvrit, et nous étions dans les bras l'un de l'autre.

« Et par quelle aventure ?... » lui demandai-je. — « Et par quel hasard ?... » fit-il en même temps. Comme nous ne pouvions continuer à parler tous les deux ensemble, je lui racontai d'abord mon équipée et son but ; lui, en échange, me dit gravement : « Je suis acteur, le *Martin* d'une fort bonne troupe qui chante l'opéra, joue la comédie, braille le mélodrame, et excelle dans le vaudeville. Nous avons même des tragédies dans notre répertoire. Nous allons partir à l'instant, pour jouer à quatre lieues d'ici *le Barbier de Séville*. J'ai une place pour toi dans la voiture : tu viens avec nous, et nous te ramenons ce soir. » Et il m'entraîna.

Je me trouvai à l'instant poussé dans une voiture entre Théophile et la *prima donna*, qui refoulait dans l'autre coin une soubrette fort gentille ; en face, la *basse-taille*, le *Colin* et le *Trial*, le *Trial*, drôle de corps s'il en fut jamais, imagination déréglée et facétieuse, véritable La Rancune de vingt ans qui n'avait jamais conçu une idée raisonnable, et dont la conversation était aussi amusante que dévergondée. Élève de l'école de Médecine, il avait trouvé moyen de manger à Paris, en deux ans, une fort jolie fortune ; après quoi il s'était enrôlé dans une troupe de comédiens où il prenait le temps comme il lui venait, riant de tout et se faisant un jouet de la pauvreté.

Une belle voix avait décidé la *basse-taille* à quitter les galons de sergent pour les oripeaux de la scène ; le *Colin*, fils d'un négociant, épris d'une actrice, avait tout quitté pour elle : dès qu'il ne resta plus rien au pauvre jeune homme, elle le planta là. Quant à Théophile, rongé de dettes, il avait embrassé l'état de comédien dans le but de faire enrager sa famille qui ne voulait plus payer. La soubrette était un enfant de la balle, la fille d'une ex-duègne. À l'égard de la *prima donna*, je n'ai jamais pu savoir bien clairement quel genre d'infortune avait déterminé sa vocation comique.

En une demi-heure, je me trouvai traité comme si j'eusse été de la troupe ; et la conversation m'avait mis au courant de toutes les petites intrigues, de tous les petits cancans ; qui ne manquent point parmi ce genre de monde. Leur souffre-douleur était un vieux maître d'orchestre, Gascon, vanteur, fier-à-bras et poltron : à force de raconter des fanfaronnades du pauvre homme, à force de se moquer de lui, les têtes s'échauffèrent, et l'on en vint à proposer de mettre son courage à l'épreuve lorsque l'on reviendrait la nuit, après le spectacle. Ce projet fut salué d'approbations unanimes : on se distribua les rôles, et on fit serment de garder le plus profond secret.

Il fut fait comme il avait été résolu, et, après le spectacle, quand on eut terminé un souper où sauta plus d'un bouchon de vin de Champagne (car la recette avait été lucrative), on se remit en route pour la ville voisine où se trouvait le quartier général de la troupe.

Il était minuit environ. La caravane se composait de deux fiacres, et d'un cabriolet appartenant au maître d'orchestre. On avait trouvé moyen de casser quelque chose aux harnais de cette dernière voiture ; de sorte que nous partîmes avant le pauvre maître d'orchestre et tandis qu'il réparait de son mieux les dégâts perfides.

Il se mit à la fin en route. Parvenu à mi-chemin de son voyage, dans un petit bois, il ouït soudainement des coups de sifflet partir et se répondre... Quatre brigands s'élancent, arrêtent le cheval, jettent le musicien dans la boue et dévalisent la voiture, non sans fouler aux pieds le pauvre homme, qui, loin de faire la moindre résistance, n'osait seulement pas geindre. Je le crois bien : il se tenait là un manche à balai affublé d'un manteau et d'une toque : le vent agitait ce grotesque mannequin, et, à chaque frôlement du manteau, l'infortuné Gascon croyait voir se lever un bras pour le pourfendre.

Ensuite ils se parlèrent d'une façon effrayante et mystérieuse. Le maître d'orchestre fut relevé, mis nu jusqu'à la chemise, hissé dans le cabriolet et serré, à en étouffer, entre deux voleurs. Notez qu'au préalable on lui avait mis un gros bandeau sur les yeux.

La voiture partit au grand trot, et les deux brigands se mirent à entamer la dissertation suivante. Qu'on se figure si le patient était à l'aise pendant de tels propos.

« Docteur, reprenons le fil de notre entretien : vous disiez, quand l'arrivée de cette pécore nous a interrompus, que la mort n'était point un mal.

— Bien loin de là, reprit une voix aigre et contrefaite, car Montaigne raconte ce qu'il a éprouvé quand il faillit mourir, et j'ai présentes à ma mémoire ses propres expressions : "Il me sembloit que la vie ne me tenoit plus qu'au bout des lèvres : je fermois les yeux pour aider, ce me sembloit, à la pousser hors, et prenois plaisir à m'allonger et me laisser aller."

— Voilà, docteur, qui m'explique comment Saint Paul a dit aussi quelque part : *Mori lucrum est*[29].

— Socrate, Sénèque et Pétrone ont pris plaisir à prolonger leur agonie ; le pacha Achmet fit promettre au bourreau qui devait l'étrangler de lui laisser savourer la mort en relâchant la corde de temps en temps ; un gentilhomme de grande route, qui fut pendu et que l'on détacha du gibet avant qu'il eût rendu l'âme, raconta, lorsqu'il fut revenu à la vie, qu'il avait vu un grand feu et ensuite de fort belles collines ; on lit dans Bacon l'histoire d'un autre gentilhomme qui avait voulu aussi tâter de la corde, et qui vit également, sans éprouver la moindre douleur, un feu semblable à un vaste incendie, puis mille couleurs magnifiques bleues et pâles : il témoigna le plus grand chagrin de se sentir dépendre, et regretta si fort le merveilleux spectacle dont on l'avait privé, qu'il se rependit le lendemain. Citons à l'appui de mon opinion, le docteur Darwin[30] qui, dans sa *Zoonomie*, au chapitre *Orci timor*[31],

---

[29] « La mort est un gain ». Épître de Saint-Paul aux Philippiens, chap. I, 21,2. La Citation exacte est « *Mihi vivere Christus et mori lucrum* » - Le Christ est le sens de ma vie, et dussé-je mourir, la mort sera pour moi un gain. (N.d.E)

[30] Il s'agit ici non pas de Charles Darwin, mais de son grand-père, Erasmus Darwin (1731-1802), poète, médecin et botaniste, qui développa déjà des idées sur l'origine et l'évolution de la vie que reprit et étaya son petit-fils. Il fait déjà jouer un rôle à la sélection sexuelle dans l'évolution des espèces.

traite de crainte absurde la peur de la mort. Cyrus, Platon, Socrate, Cicéron, Ovide, Lucrèce et Napoléon n'ont vu dans la mort qu'un doux sommeil. Enfin, Tibère répondit à un homme qui lui demandait un prompt trépas : "Penses-tu donc que nous sommes réconciliés ?"

» Le médecin Berard, dans son ouvrage du *Physique et du Moral de l'homme*, § LXXV, a voulu prouver que la vie et la douleur continuent encore quelques heures chez un homme décapité : c'est un paradoxe, ainsi que le démontre *Lelut* dans son *Examen anatomique de l'encéphale des suppliciés*. »

— Voilà une dissertation curieuse, docteur ; et je me réjouis d'avoir pour collègue en brigandage un homme aussi érudit que vous. Vous m'avez si fort convaincu par la justesse de vos raisonnements, que je veux vous offrir en échange la pratique de vos théories : nous avons volé ce brave homme : donnons-lui comme dédommagement les délices de la pendaison ; accrochons-le à un arbre : nous le détacherons dans une demi-heure, et il nous racontera ses émotions. »

Alors deux énormes mains se mirent à dénouer la cravate du malheureux maître d'orchestre, et, malgré ses doléances, une corde entoura son cou.

Et puis se fit entendre un bruit de chevaux : les deux brigands sautèrent à bas de la voiture ; le cabriolet partit, et s'arrêta quelques instants après.

Le maître d'orchestre attendit bien longtemps sans oser remuer... Sûr enfin d'être seul, il se hasarda à détacher son bandeau... Jugez de sa joie ! Il se trouvait à la porte de son auberge.

Il descend de cabriolet, arrive pâle, chancelant et en chemise dans la chambre où nous l'attendions en grande impatience : on l'entoure, on le questionne ; et, quand un verre de vin lui eut un peu remis le cœur, il raconta sa mésaventure, mais embellie d'une défense vigoureuse, de

---

[31] Dans son ouvrage *Zoonomie, ou lois de la vie organique* (1794), il classe la peur de l'enfer (*orci timor*) dans les maladies de classe 3 (maladies de la volition) genre 2 (avec augmentation de la taille des organes du sentiment)

deux brigands tués par lui, et d'une bande de cent voleurs pour le moins. Il avait bien fallu céder à la force.

Des éclats de rire contractèrent tous les visages… On jeta aux pieds du maître d'orchestre ses vêtements et son violon… Le Trial ex-médecin se mit à contrefaire sa voix, qu'il rendit aigre et discordante ; pour l'autre voleur, c'était Théophile.

Le musicien voulait se battre en duel avec nous ; mais enfin il se laissa apaiser, grâce à l'intervention de mademoiselle Justine, la gente soubrette.

Le digne Gascon m'apprit le lendemain, en confidence, qu'il en avait coûté cher à la dame pour calmer un courroux si légitime et qui menaçait d'être si funeste.

Je souris.

J'aurais pu rire aux éclats.

LE LENDEMAIN DE NOCE

JOURNAL D'UN ALLEMAND

1820

> Il y a de bons mariages ; il n'y en point de délicieux.
> (La ROCHEFOUCAULT, *Maximes*)
> Hélas ! ni la raison, ni l'imagination, ni l'esprit, ni le cœur ne peuvent rendre heureux : je le comprends à cette heure.
> (*Lettres d'amour*)

Cologne, 25 septembre 1820.

Ainsi, mon cher Frédéric, tu m'abandonnes au moment où, d'après tes conseils, je fais à la raison le sacrifice de mes plus chères erreurs !

Tu pars pour le Mexique !

Si du moins tes lettres avaient pu, chaque semaine, continuer à m'encourager, à me persuader, à me faire persévérer !... Mais, hélas ! Elles ne me parviendront désormais qu'à de longs intervalles ! Plus de jours fixés pour les recevoir, plus d'attentes désireuses du courrier ! Des mers immenses nous séparent ! Tu habites un autre monde !

Ce ne sont plus des lettres que je t'écris : c'est un journal que tu recevras, Dieu sait quand ! Peut-être jamais...

Si tu savais le courage qu'il m'a fallu pour rompre les liens qui m'attachaient à madame Narscheid !... Pauvre Louise ! elle qui avait sacrifié à mon amour ses espérances d'avenir, sa conscience, son bonheur domestique, sa réputation !

Je te l'avoue : vingt fois, durant cette dernière entrevue, je me sentis près de renoncer à mon mariage avec mademoiselle de Reistadst.

Oui, Frédéric, je l'aurais fait ; mais, après les accès du plus affreux désespoir, Louise s'arma tout à coup d'une résignation que je n'avais plus. « Je vous aime plus que mon bonheur, dit-elle : soyez heureux, Édouard, puisque vous pouvez l'être avec une autre. »

Je lui remis alors les lettres qu'elle m'avait écrites durant notre long amour ; je lui redemandai les miennes en échange... Son premier cri fut : « Jamais ! jamais ! »

Et puis après cela, sans proférer une parole, elle alla prendre tout ce qui lui venait de moi, et elle livra tout aux flammes.

Frédéric, j'ai acheté bien cher, ce soir-là, le bonheur que tu me promets dans un mariage de convenance ! Quelle paix intérieure, quel bien-être de fortune peut valoir l'amour que je perds, l'amour de Louise ? Il se trouvait entouré de périls, de désespoir, je le sais ; mais il était brillant, dévoué, sublime.

Pauvre tête que je suis !... Allons, voilà encore que mon imagination m'entraîne !

Je ne reverrai plus Louise : son mari arrive ce soir ; et, tu le sais, rien que ma présence à Cologne pourrait le faire porter aux plus affreux excès de jalousie : depuis la découverte d'une de mes lettres à Louise, il y a quatre ans, il est capable de tout.

Je partirai au point du jour pour Aix-la-Chapelle, et je verrai enfin ma femme.

Aix-la-Chapelle, 26 septembre,
trois heures de l'après-midi.

Je viens de la voir : c'est une jeune fille blanche et rose ; une grande fraîcheur, de beaux cheveux blonds, un sourire ingénu. Elle se nomme Fanny.

Ses parents avaient fait une grande affaire de notre entrevue : ils m'ont présenté à ma fiancée avec un apparat solennel.

C'est une chose singulière que de se trouver parmi toutes personnes inconnues, que l'on nommera le lendemain *mon frère, ma sœur, mon père, ma mère, ma femme* !

Ma femme !... Une amante qui prodigue les plus tendres caresses ; la seule qu'il soit permis d'aimer désormais ; une amie fidèle dans le bonheur comme dans l'adversité ; une compagne dont la mort seule séparera !

Et je ne l'avais jamais vue avant aujourd'hui ! Et c'est demain qu'elle sera ma femme !

Tu es plus sage que moi ; je reconnais la supériorité de ta raison sur la mienne : tu juges des choses avec une bien autre justesse que je ne pourrais le faire, tu m'aimes autant que l'on saurait aimer un ami, et c'est toi qui m'as proposé, qui m'as conseillé, qui as fait ce mariage.

Frédéric, j'ai besoin de me ressouvenir de tout cela ; j'en ai besoin, car autrement ce ne serait pas demain qu'elle deviendrait ma femme.

Je viens d'avoir, après le souper, un long entretien avec elle : ses idées m'ont paru plus solides qu'étendues ; son imagination est pure comme celle d'une vierge, son âme affectueuse comme celle d'une jeune fille qui n'a jamais quitté une mère bonne et sage ; elle a reçu une éducation prudente, et a été élevée en de grands principes d'économie.

Cette conversation m'a fait du bien ; oui, mon ami, je commence à comprendre que tu avais raison : un bonheur calme, paisible, uniforme, sans la moindre secousse ; la paix, le repos, une bonne femme qui vous entoure de prévenances, de tendres attentions ; un sourire frais et naïf toujours prêt à s'entrouvrir à vos moindres paroles ; une main délicate qui apprête et présente le breuvage lorsque la fièvre vous brûle et que votre poitrine s'oppresse... Ce n'est point Louise ; ce n'est point le bonheur idéal, impossible, tel que j'en rêvais jadis ; mais c'est du bonheur réel.

Oui, l'entretien de Fanny m'a fait du bien ; oui, son sourire a calmé mon insupportable agitation.

Frédéric, aurais-tu dit vrai ?

27 septembre, quatre heures du matin.

J'ai dormi, Frédéric, dormi paisiblement jusqu'à cette heure ; je me suis réveillé le sourire sur les lèvres ; je me suis réveillé frais d'un calme que j'ai bien rarement éprouvé en ma vie : l'idée de Fanny, de cette jeune fille ingénue, c'est une idée fixe qui me charme !

Je vais la revoir bientôt, tout à l'heure ; et puis après cela je ne la quitterai plus jamais, jamais !... Y aurait-il encore du bonheur pour moi ?

Frédéric, aurais-tu dit vrai ?

Même jour, neuf heures du soir.

Oui, Frédéric, tu as dit vrai ; oui, je vais être heureux !

Oui : je n'avais point jusqu'à présent cherché le bonheur là seulement où l'on peut le trouver ; et, blasphémateur que j'étais, je disais : « Il n'y a pas de bonheur ! »

Une jeune femme belle et pure comme les anges ; ses caresses innocentes, sa tendresse ineffable ; et puis bientôt des enfants qui resserreront plus étroitement encore ces liens solennels ; des enfants qui, de leur petite voix chérie, feront retentir à mon oreille, à mon âme enivrée, ce nom ravissant : père !

28 septembre, six heures du matin.

Les vierges du ciel n'ont pas sa pureté ; les chérubins de feu n'ont pas sa tendresse !... Ô Frédéric, mon Frédéric ! Je suis heureux, heureux à tout jamais, et je te dois ce bonheur !

Elle s'habille en ce moment ; et puis nous allons faire ensemble une longue promenade dans la délicieuse campagne qui nous environne... Frédéric, Frédéric, nous serons seuls, seuls avec la nature et ses beautés sublimes :

nous échangerons nos sensations par un regard, par un sourire, par un pressement de bras... Mon ami, mon Frédéric, comprends-tu tout le bonheur que je possède ? Dis-le-moi, le comprends-tu ?

15 octobre, même année.

Je suis seul dans ma chambre, couché... Est-ce un rêve que j'ai fait ? Un rêve horrible ?... Oh ! Si c'était un rêve !...

Fou que je suis ! Cela ne peut être autrement : un malheur pareil n'est pas possible ; non ! Non !

Je rêvais, figure-toi, que je faisais une promenade avec ma jeune épouse, avec Fanny : jamais je n'avais vu plus beau lever du soleil. C'est que jamais je n'avais vu lever le soleil lorsque ma Fanny me donnait le bras.

Nous étions sur le bord d'une rivière... Tout à coup je vois flotter dans l'eau quelque chose de blanc : c'était un objet peu distinct... Il approche... Un cadavre de femme !... Louise !...

Oh ! Quel rêve ! Quel affreux rêve !

Je ne sais ce que j'éprouvai en ce moment : une rage convulsive embrasa et secoua tous mes membres ; mes yeux ne virent plus ; mes oreilles étaient assourdies d'un tintement exécrable... Je saisis, j'étreignis étroitement, avec acharnement, je ne sais quoi de tiède et de délicat ; et puis je sentis un poids flasque se laisser aller sur ma poitrine et glisser à mes pieds avec un bruit sourd.

Puis on m'entourait ; on jetait des cris d'horreur : je luttais contre des hommes nombreux ; je succombais enfin ; on me liait de cordes, et on m'emmenait au milieu d'une foule immense.

Et je voyais porter devant moi sur un brancard deux cadavres de femme : Louise et Fanny.

Oh ! Quel rêve ! Quel affreux rêve !

Mon Dieu ! Quelle impression il a produite sur moi ! Je viens de jeter les yeux dans la glace : je me suis vu livide, décharné.

... Mais, autour de moi, tout est en désordre, brisé, jonché de débris !....

... Mes vêtements... Il n'y en a plus que des lambeaux !....

... Des barreaux de fer à mes fenêtres !... Des barreaux énormes aux portes !...

Ah ! Ce n'est point un rêve ! Ce n'est point un rêve !

LE RÉCIT DU VICAIRE

1830

Si l'on réfléchissait sérieusement au mal que fait, avec insouciance et rien que par amour-propre, le plus honnête et le plus galant homme, il y aurait de quoi devenir misanthrope incurable.

(JEROME BONNIER, *Histoire de tout le monde*)

C'est un charmant jeune homme que mon petit cousin Jules : une tournure gracieuse, de beaux cheveux bouclés, de grands yeux noirs qui étincellent.

Je ne saurais dire l'intérêt que j'éprouve pour ce jeune homme, dont chaque jour les désirs confus deviennent plus distincts et plus impérieux, dont l'imagination de dix-sept ans bouillonne de poésie et d'amour : il est heureux, et souffre de besoins qui brûlent, d'élans mystérieux qui font tressaillir... Une vague tristesse, une félicité inconnue à laquelle il aspire ; des frissons sous un regard de femme, une rougeur pudique et libidineuse à des récits voluptueux ; et puis, au milieu de tout cela, des saillies d'écolier, des reparties d'enfant malin : N'est-ce pas que mon petit cousin Jules est un charmant jeune homme ?

Tout préoccupé, l'autre jour il entra chez moi, se jeta dans un fauteuil, et, posant son coude sur mon bureau, il se couvrit le front avec la main. « Je voudrais ressembler à Charles, » murmura-t-il, moins pour me parler que pour exprimer l'idée qui le dominait.

Cette exclamation me fit de la peine ; car, de tous les jeunes gens, Charles est le dernier que je conseillerais pour modèle à mon petit cousin.

« Qu'il est heureux ! Qu'il est heureux ! continua Jules avec chaleur : des maîtresses tant qu'il veut ! La plus intraitable ne lui résiste pas ; et il en a quatre en ce moment !

— C'est par délicatesse et par modestie qu'il s'en vante ? » demandai-je en riant.

Les joues de Jules devinrent écarlates. « Je suis son ami, me répondit-il d'un ton de fierté blessée : il me confie ses secrets. »

J'avais mal engagé l'attaque, et je changeai aussitôt mes batteries.

« Tu l'as vu depuis peu, fis-je avec une feinte indifférence : as-tu rencontré chez lui le bon Ambroise, ce digne vicaire, notre camarade de collège ?

— Non, mon cousin. »

— J'en suis fâché. Je crains bien que l'excellent homme ne soit malade : la cruelle émotion qu'il a éprouvée dernièrement... Charles, sans doute, t'a conté cela ?

— Non, sur mon âme ! »

— Ha donc, petit cousin, des secrets pour son confident ? Je serai moins réservé que lui, moi. Je ne suis point fâché, d'ailleurs, que le hasard me mette à même de te faire ce récit : je l'ai remarqué, Jules, la soutane d'Ambroise et ses cheveux plats derrière les oreilles ne lui valent pas toujours des égards tels que tu lui en devrais : quand tu connaîtras mon histoire cela n'arrivera plus, j'en suis sûr.

» Il se trouvait réuni chez Charles, la semaine dernière, plusieurs de nos camarades de collège : j'étais du nombre. La conversation devenait plus que libre, quand survint Ambroise. Il pouvait à peine se soutenir : on l'entoura avec intérêt ; on s'enquit pourquoi il souffrait ; car, mon petit cousin, nous aimons Ambroise ; nous le respectons tellement, que nous nous estimerions coupables de l'affliger, de froisser même ses préjugés : il est si bon !

« Si vous saviez, dit-il, si vous saviez à quelle triste scène j'ai assisté !... Une jeune fille qui se mourait de langueur ! Une pauvre jeune fille de dix-huit ans !...

» Sa grand-mère vint requérir mon ministère deux jours avant qu'elle mourût. Personne n'avait encore eu le courage de faire connaître à la malade la triste position où elle se trouvait : il fallut me charger d'un pareil devoir... Vous ne savez pas, vous autres, ce qu'il y a de déchirant à cela !

» Lorsqu'elle me vit, elle jeta un cri de détresse : « Ah ! Monsieur le vicaire ! Monsieur le vicaire !... »

» Elle détourna la tête et ne voulut plus me regarder. » J'avais les yeux pleins de larmes. « Mon enfant, lui dis-je, je ne viens pas pour vous affliger. »

» Mais elle ne m'écoutait pas. — « Mourir !... Je ne veux pas mourir !... Je ne suis pas malade autant qu'on le croit ; oh ! non, je ne suis pas si malade ! On vous a trompé !... Je veux vivre encore ! Oui, je veux vivre ! J'ai désiré la mort ; mais, à présent que je l'ai vue, je veux vivre... Je vivrai ! Le médecin m'a promis de me guérir ! Il me l'a promis, et il le sait mieux qu'un autre, lui ! »

» J'eus bien de la peine à calmer son désespoir : il me fallut pour cela user de pieux mensonges, et lui assurer qu'elle guérirait, qu'elle ne courait aucun danger. « Mais, pour ne pas être en péril, devez-vous trembler à la vue d'une robe de prêtre ? demandai-je ; devez-vous pour cela différer votre réconciliation avec Dieu ? Dieu qui tient entre ses mains la vie et la santé ! » »

» Elle releva la tête avec vivacité : « Dieu peut me guérir !... Oh ! oui, monsieur le vicaire, il me guérira, n'est-il pas vrai ? Vous le prierez pour moi... Si vous saviez qu'il est affreux de croire que l'on va mourir ! »

» Je me tus un moment, car mes sanglots auraient éclaté.

» Remis de mon émotion, je parvins insensiblement à l'amener à se confesser : pauvre infortunée ! Elle n'avait commis qu'une seule faute en sa vie ; encore cette faute, elle était l'œuvre d'un autre plutôt que la sienne.

» Vivant seule de son travail avec sa vieille grand-mère, elle serait encore aujourd'hui heureuse et pleine d'existence ; mais un séducteur lui promit amour jusqu'au tombeau, lui jura qu'il l'épouserait : ignorante du monde et de ses pièges, elle le crut... Réduite au désespoir par le prompt abandon de celui qu'elle aimait, elle tomba malade.

» Des précautions fatales et inutiles prises pour cacher une grossesse ; la curiosité du monde pour sa faute ; le manque d'ouvrage, la misère, et puis la mort, voilà le reste de son histoire.

» Pauvre créature ! Elle mourut en se rattachant de tous ses efforts à la vie ; elle mourut en la regrettant avec un désespoir !... Et pourtant elle ne maudit pas une seule fois son séducteur. Quand je l'exhortais à la résignation, elle me répondait : « Oui ; » quand je l'exhortais à faire à Dieu le sacrifice de sa jeunesse, de son existence, elle me répondait : « Oui ; » mais, quand je lui dis : « Il vous faut l'oublier ; il ne faut plus rien aimer sur la terre ! » elle ranima sa voix mourante pour répliquer : « Cela est au-dessus de mes forces : j'aimerai toujours Charles ! », car il se nommait comme toi, Charles.

» Cette ressemblance de nom, Jules, produisit sur notre camarade une impression douloureuse et presque convulsive : il pâlit, et, se levant avec une gaîté forcée : « Allons !... s'écria-t-il, Ambroise nous attendrit avec ses histoires comme il attendrirait en chaire de vieilles dévotes. »

» Faut-il te l'avouer, Jules ? Un moment je fus tenté de croire que Charles était le séducteur dont parlait Ambroise ; mais je ne lui ai jamais connu de maîtresse qui se nommât Fanny. »

Jules entrouvrit la bouche comme pour s'écrier ; puis il se contint et garda le silence. Je feignis de ne point remarquer son trouble.

Le récit que j'avais fait laissa une impression profonde dans l'âme généreuse et sensible de Jules, et depuis ce jour il ne m'a plus fait l'éloge de Charles.

Néanmoins, je le remarque avec douleur, mon petit cousin n'a rien perdu de son envieux enthousiasme pour lui, et, sans le vouloir peut-être, il s'applique à copier sa démarche, sa manière de se vêtir et jusques à ses moindres façons. Il est vrai que le séducteur de Fanny est d'une extrême élégance, et qu'Ambroise est un pauvre prêtre d'un maintien fort négligé : or, cela n'est que trop vrai, un conseil, un exemple emprunte toute son influence de celui qui le donne. Hélas ! oui : la dépravation prônée par un homme brillant est bien près de l'emporter sur la morale sévère que prêche ou que pratique un homme sans dehors, et qui n'a rien que puisse envier l'amour-propre.

LE BOSSU

NOUVELLE ESPAGNOLE

1633

> Cela est pourtant vrai : ce n'est que
> pour eux seuls que ces gens agissent.
> (LUIS VELEZ, *el diablo cojuelo*)

CHAPITRE I

De la mésaventure qui arriva à Mendoce Perès. Quel homme c'était que le Bossu. Où et comment il fit connaissance avec Mendoce.

Deux voyageurs, l'un monté sur une mule chargée d'une énorme valise, l'autre laissant marcher à l'aventure son beau cheval andalous, suivaient lentement la route qui conduit de Val-del-Penas à Calatrava : le premier portait une livrée moins riche qu'élégante, et la rézille écarlate qui renfermait ses cheveux noirs sous un étroit chaperon brodé ajoutait encore à l'expression de sa physionomie naturellement peu prévenante ; son maître, enveloppé par les replis d'un vaste manteau, semblait absorbé tout entier dans les pensées mélancoliques auxquelles il s'abandonnait.

On était à la fin de l'automne, et cependant le soleil dardait encore avec force ses rayons incommodes : aussi les regards du valet se reportaient-ils souvent vers une auberge que l'on apercevait à cent pas environ ; et la mule, soit qu'elle sentît le fouet, soit que, par un instinct naturel à ces animaux, elle reconnût l'endroit où l'attendait une pitance d'avoine, partit tout à coup au trot. Le cheval suivit son exemple, et néanmoins le cavalier ne parut guère remarquer ce changement d'allure.

« Seigneur Mendoce Perès, dit le valet en s'arrêtant devant l'auberge, depuis votre départ de Val-del-Penas vous n'avez pris aucune nourriture : croyez-en votre fidèle Pedro, arrêtez-vous ici un moment ; » et, sans attendre la réponse de son maître, il saute en bas de sa mule. Mendoce l'imita machinalement et sans lui répondre.

« Allons, allons, notre joyeux hôte, s'écria Pedro en entrant, servez à ce jeune cavalier ce que vous avez de meilleur ; et n'oubliez pas de nous faire faire connaissance avec quelque outre de ce vin de Val-del-Penas que l'on dit si bon. » Ces paroles, débitées avec emphase, ne produisirent pas l'effet qu'elles auraient immanquablement opéré en toute autre circonstance : on remarquait dans l'auberge ce trouble et cette confusion qu'amène avec elle l'arrivée inattendue d'un étranger d'importance : l'hôtelière, d'une voix aigre et perçante, donnait à deux servantes basanées et à un grand garçon en guenilles des ordres qui se contredisaient les uns les autres ; et un enfant assis au coin du feu s'apprêtait à tourner la broche, tandis que l'hôtelier y attachait une poule qu'il avait métamorphosée en chapon, et dont les plumes et les débris, encore tout sanglants et laissés à terre, trahissaient le meurtre récent. Il interrompit cette occupation pour venir au-devant de Mendoce. « Seigneur cavalier, dit-il en jetant sur lui un regard scrutateur, regard qui d'ordinaire détermine la manière plus ou moins gracieuse dont les aubergistes reçoivent les voyageurs, je regrette bien que toutes mes provisions soient retenues par le noble étranger dont vous avez vu le riche carrosse à ma porte ; mais, si vous pouvez vous contenter d'une excellente omelette, d'une *olla podrida*[32], et du meilleur vin qui se boive dans la Manche... » — « Je me contenterai de ce que vous me

---

230

donnerez, » répondit Mendoce d'un air distrait ; et, s'asseyant sur un banc de bois placé près d'une table, à la gauche de la cheminée, il ne parut point s'apercevoir qu'on le fit attendre pendant une heure.

Lorsqu'il eut fini son modeste repas, il ordonna à l'enfant d'appeler son valet. « Votre valet ? répliqua l'hôtelier : à peine arrivé, il est reparti avec sa mule et votre cheval pour aller vous préparer un logement à Cala-trava, quoique vous eussiez été aussi bien chez votre ser-viteur Grégorio Gonelès. »

« Parti ! Parti avec mon cheval !... s'écria Perès, comme s'il se fût éveillé en sursaut : je suis la dupe d'un fripon !... Trouvez-moi de suite un cheval, une mule, n'importe ; que je rejoigne ce coquin. » Et, fouillant dans sa ceinture pour tirer sa bourse, il reconnut que le perfide Pedro avait trouvé moyen de la lui dérober.

Il serait difficile d'exprimer la consternation de Men-doce, et l'ignoble expression d'insolence qui se peignit tout à coup sur la figure de Grégorio. Il avait affaire à un jeune homme qui paraissait timide et sans expérience ; et, pensant tirer bon parti de cette aventure : « Ne croyez pas que je me contente de toutes ces grimaces ! cria-t-il d'une voix aiguë : vous vous entendez avec ce soi-disant valet pour me voler ; mais, par saint Grégoire mon patron, il n'en sera rien : vous ne sortirez pas d'ici sans m'avoir payé jusqu'au dernier maravédis[33]... Voici quelque chose qui me nantira ; » et en même temps il saisissait le man-teau que Mendoce avait déposé à côté de lui tandis qu'il mangeait.

« Que vais-je devenir ici ? murmura le malheureux jeune homme ; comment retourner à Tolède sans argent, sans cheval ?.... Et, pour comble d'humiliation, il me faut encore supporter les insolents soupçons de ce misé-rable !... Fatal voyage !... Inézille, Inézille, dans quel abîme de malheurs et de souffrances m'a jeté mon déplo-

---

[33] Nom de plusieurs monnaies des royaumes chrétiens ibériques entre le XIIe et le XIVe siècle, et ensuite unité de compte monétaire en Espagne jusqu'au XIXe siècle. (N.d.E)

rable amour pour vous ! » Et, retombant sur la table, il se couvrit des deux mains le visage, pour cacher les larmes qu'il versait.

« Que signifie tout ce bruit ? dit un nouveau personnage qui sortait de la chambre voisine : est-ce de la sorte qu'un impertinent de votre espèce doit parler à ce jeune étranger, et abuser de l'embarras où le met un fripon ?... Seigneur cavalier, ajouta-t-il en se tournant vers Mendoce, je vous offre ma bourse ; et, quoi que je n'aie pas l'honneur d'être connu de vous, j'espère ne pas recevoir l'affront d'un refus. Hésiteriez-vous à me faire la même offre si je me trouvais dans le même embarras ? Non, sans doute : eh bien ! accédez donc à ma prière, je vous en conjure. »

Mendoce écarta ses mains, et jeta les yeux sur l'inconnu qui lui parlait : c'était un petit homme âgé d'environ soixante ans, dont la taille n'avait guère plus de quatre pieds de haut ; et la nature avait attaché sa tête chauve d'une façon si bizarre, qu'elle semblait tenir la place de sa poitrine. Son regard plein de feu, ses traits réguliers et agréables, annonçaient de l'esprit et une imagination ardente ; mais son sourire avait quelque chose d'étrange : il tenait à la fois de celui qu'on laisse échapper en recevant une injure que l'on méprise, et de l'espèce de contraction convulsive qui agite les lèvres d'un joueur, quand il voit les monceaux d'or, objets de sa convoitise, passer dans les mains de son adversaire.

On lisait sur le visage de Mendoce combien il lui en coûtait d'avoir recours à la bourse d'un inconnu : celui-ci devina aisément ce qui l'agitait ; et, avec ce tact exquis, signe certain d'une bonne éducation et de beaucoup d'usage du monde, il continua en ces termes : « J'habite, seigneur cavalier, une maison de campagne près de Calatrava : venez y passer quelques jours avec moi, tandis que l'alcade fera des recherches pour découvrir le fripon qui vous a dévalisé : pendant ce temps, vous pourrez, si vous le jugez à propos, envoyer à Tolède un de mes gens, qui vous rapportera l'argent nécessaire pour y retourner. » Mendoce serra la main du généreux étranger, et, comme on était venu annoncer que le carrosse du comte Alvarès della Ribeira était prêt, les deux nouveaux amis s'y placèrent l'un à côté de l'autre.

Grégorio, le bonnet à la main, suivit longtemps des yeux la brillante voiture et son nombreux cortège ; et puis, quand il cessa de les voir, il reporta ses regards avec satisfaction sur le groupe nombreux qu'avait attiré à sa porte un spectacle assez rare devant la petite hôtellerie.

CHAPITRE II

Quelles observations fit don Alvarès. Il arrive à son château della Ribeira. De ce qui s'y passa, et quelle conversation il eut avec Mendoce.

Tandis que la voiture s'avançait rapidement vers le château de don Alvarès, ce seigneur, qui vainement s'était efforcé d'arracher Mendoce à la profonde rêverie où il retombait sans cesse malgré lui, se lassa bientôt de regarder par la portière une campagne déserte et dépouillée : il se renfonça dans la voiture d'un air mécontent, bâilla, essaya de dormir, fredonna une siquedille[34], et finalement employa tous les moyens dont se servent les voyageurs pour échapper à l'oisiveté et à l'ennui auxquels ils sont condamnés. Ses regards distraits s'arrêtèrent enfin sur le silencieux étranger qui faisait route avec lui : il se mit à l'examiner avec une attention d'autant plus minutieuse, que Ribeira était encore éloigné de trois lieues au moins, et que cet examen lui offrait une occupation puérile peut-être, mais que son désœuvrement ne lui permettait pas de dédaigner.

Un pourpoint de velours bleu brodé en argent dessinait la taille de Mendoce, à laquelle on ne pouvait reprocher que d'être un peu trop svelte ; suivant la mode du temps, ses cheveux retombaient sur ses épaules en

---

[34] Danse populaire andalouse, à trois temps vifs, caractérisée par un rythme marqué par les castagnettes. Par ext., musique et chant qui accompagne cette danse. (N.d.E)

boucles élégantes, et une moustache bien légère encore couvrait sa lèvre supérieure. Lorsque ses grands yeux noirs et pleins d'expression ne se levaient pas vers le ciel, il les attachait en soupirant sur une bague qu'il portait à la main gauche ; d'où le seigneur Alvarès conclut que le vol de Pedro n'était pas sans doute le plus grand sujet de peine de son compagnon de voyage.

Peut-être, ami lecteur, as-tu quelquefois éprouvé ce malaise et cette timidité dont on ne peut se défendre près d'une personne qui nous impose par son âge, sa réputation ou son rang : la rougeur monte au visage ; l'esprit se refuse à former des pensées et la bouche à les articuler ; on souffre, on est au supplice. Telle était la situation de Mendoce lorsqu'à son arrivée au château, s'apercevant de ses distractions, il pensa qu'elles pourraient bien avoir indisposé don Alvarès contre lui, et le faire accuser d'impolitesse par ce seigneur. S'exagérant ses torts, il voulut les réparer : il s'efforça de prêter une oreille plus attentive aux discours de son hôte, et provoqua même ses questions ; mais d'amers souvenirs revinrent malgré lui s'emparer de son imagination, et, quand il fallut répondre, il n'avait pas entendu une seule des paroles que don Alvarès lui ait adressées ; aussi fut-ce avec une sorte de joie qu'il entendit ce seigneur lui demander la permission de se retirer, en alléguant les fatigues du voyage.

Laissé dans l'appartement qu'on lui avait préparé, Mendoce donna un libre cours à ses sanglots et s'abandonna à la violence de sa douleur. Don Alvarès, d'une chambre voisine, l'entendit pousser des gémissements et marcher à pas précipités : craignant qu'il ne se portât à quelque acte de désespoir, le vieillard vint le retrouver, et, s'asseyant près de lui : « Seigneur Mendoce, lui dit-il, j'ignore ce qui peut vous affliger à ce point ; mais, à votre âge, on sent bien vivement, et peut-être vos peines sont-elles moins grandes, moins réelles que vous ne le pensez. Je suis vieux, j'ai quelque crédit, et si mon expérience, mes conseils peuvent... » — « Seigneur, répliqua Mendoce, mes malheurs sont sans remède. Si vous daignez m'écouter, je vais vous en faire le récit : je ne puis reconnaître vos bontés qu'en vous donnant cette marque de la confiance que vous m'inspirez ; d'ailleurs, je le sens, j'éprouverai un plaisir douloureux à épancher mes peines dans le sein du respectable et généreux ami que le sort m'a fait trouver aujourd'hui en vous ; enfin, c'est la seule consolation qui soit encore permise au malheureux Mendoce. »

CHAPITRE III

Histoire de Mendoce : comment il fit rencontre de don Garcias et de sa fille ; quel service il leur rendit ; cause de son désespoir. Étrange système philosophique du Bossu.

« Je suis le fils unique d'un marchand de Tolède. Élevé par une mère aussi tendre que chérie, entouré dès le berceau de prévenances et de soins, je ne connus jamais les tourments dont on fait acheter aux enfants les bienfaits de l'éducation. Mon père, homme instruit et éclairé, voulut lui-même diriger mes études : il sut en faire pour moi un plaisir véritable, et le peu de connaissances que j'ai acquises ne m'ont point coûté une seule larme. Je fus, dès l'âge de dix-huit ans, associé aux entreprises commerciales de mon père ; et, grâce à son active bonté, elles n'eurent jamais pour moi rien d'aride et de rebutant.

» Je menais donc une vie douce, paisible, uniforme, et par conséquent heureuse, quand un soir, au détour d'une rue écartée, j'aperçus un vieillard et une jeune fille qu'insultaient deux spadassins : je me jetai, l'épée à la main, sur ces misérables : l'un tomba sous mes coups ; l'autre prit lâchement la fuite. « Brave cavalier, me dit le vieillard, je suis un étranger qu'amènent à Tolède des affaires importantes. Je me nomme don Garcias de Puebla ; et le roi, en récompense de mes longs services, a daigné me confier le commandement de Mérida. Le logement que j'occupe n'est qu'à deux pas d'ici ; et, comme on pourrait vous inquiéter à cause de l'homme que vous avez tué en nous prêtant un secours si généreux, je vous engage à nous y accompagner. »

» Poussé par un violent désir de voir la jeune dame qui avait repris le bras de don Garcias, j'acceptai l'offre qui m'était faite ; mais, seigneur, comment vous peindre mon admiration et mon trouble lorsque cette dame, levant son voile, offrit à mes regards ravis des traits d'une beauté éblouissante ? Non, rien ne saurait se comparer aux charmes d'Inézille ! Sa grâce enchanteresse, la douceur de sa physionomie... »

Mendoce, suivant la coutume usitée en pareil cas par les amants, allait faire le portrait de sa maîtresse... Jetant les yeux sur le Bossu, il le vit s'efforcer de cacher un sourire ; et, je l'ai dit plus haut, le sourire du Bossu avait quelque chose d'étrange, qui décontenança Mendoce : après un moment d'interruption, qu'il feignit d'employer à tousser, il continua son récit en ces termes :

« De retour chez mon père, je ne lui cachai rien de ce qui m'était arrivé, et je n'eus guère de peine à lui faire promettre de favoriser la violente passion que m'inspirait Inézille. Enfin, seigneur, don Garcias m'avait permis d'aller le visiter quelquefois pendant le reste de son séjour à Tolède : j'avais obtenu d'Inézille un aveu qui me comblait de joie, et mon père allait demander pour moi à don Garcias la main de sa fille... Cet officier fut obligé tout à coup de quitter Tolède pour retourner à son gouvernement.

» Je ne tardai pas à le suivre à Mérida ; mais, seigneur, le croirez-vous ? Ni le souvenir du service qu'il avait reçu de moi, ni la violence de mon amour, ni les pleurs d'Inézille, ne purent le faire consentir à notre union.

« Inézille est nécessaire à mes vieux jours, me répondit-il : je ne saurais me passer de ses soins. »

— « Eh ! Seigneur, m'écriai-je, je suis riche : venez vivre auprès de moi ; venez habiter Tolède avec votre fille... »

— « Renoncer au poste honorable que le roi m'a confié ! répliqua le cruel vieillard, et pour me mettre à la merci d'un gendre ! Non, Mendoce, jamais ! Abandonnez un projet impossible. »

» Le lendemain, je voulus encore essayer de le fléchir : l'ingrat refusa de me voir ; et je retournais à Tolède, déplorant mon fatal amour et l'égoïsme révoltant de don Garcias, quand vous me tirâtes si gracieusement de la fâcheuse position où m'avait jeté un fripon de valet.

— Seigneur Mendoce, dit le comte della Ribeira, je ne suis pas comme la plupart des vieillards, qui ne savent pas compatir aux peines de la jeunesse parce que ces peines ne sont plus de leur âge : que le sujet en soit réel ou non, elles n'en sont pas moins vives. Vous êtes malheureux, jeune homme, cela est vrai ; mais le temps adoucira, j'ajouterais même si je ne craignais d'être accusé par vous de blasphème, guérira bien vite votre douleur.

» Cependant, que cette douleur ne vous rende pas injuste : vous accusez don Garcias d'égoïsme : êtes-vous moins égoïste que lui, vous qui voulez qu'un vieillard, aux dépens de son bonheur, se prive d'une fille chérie ?... Pourquoi ?... Pour la donner à un inconnu dont les séductions ont inspiré à cette fille une passion qu'il désapprouve. N'avez-vous point abusé des droits de l'hospitalité ? N'avez-vous pas trompé la confiance qu'il vous montrait ?... Mais que ce reproche d'égoïsme ne vous afflige pas : c'est un sentiment que la nature a placé dans le cœur de tous les hommes : ils n'agissent que pour eux, pour eux seuls : s'ils font le bien, c'est que la sagesse divine a donné à leur conscience le remords, et cette joie intérieure et sublime qui les récompense d'une bonne action. Examinez attentivement les vices les plus hideux, comme les vertus les plus héroïques : ils prennent leur source dans l'égoïsme. »

Le désir de se montrer reconnaissant, ou du moins poli envers don Alvarès, n'avait pu tirer Mendoce de sa triste rêverie ; et cependant, dès qu'il entendit exposer une manière de voir qui n'était pas la sienne, il ne songea plus qu'à la combattre, tant l'esprit de contradiction est naturel à l'homme.

« Mais, seigneur, s'écria-t-il, un tel paradoxe n'est pas même spécieux : comment pouvez-vous attribuer à l'égoïsme l'amour et l'amitié, ces affections qui rendent possibles les sacrifices les plus douloureux ; la bienfaisance, qui se refuse le nécessaire et expose ses jours pour secourir l'infortune ; la gloire, à laquelle on immole son repos, ses richesses, son bonheur, son existence ?

— L'amour ! reprit Alvarès en s'échauffant, l'amour ! Est-il rien de si égoïste que cette frénésie ? N'exige-t-on pas de l'objet aimé qu'il renonce à toutes ses autres affections ? N'éprouve-t-on pas un frisson involontaire de rage et de terreur lorsqu'un autre laisse tomber les yeux sur celle que l'on aime ?... L'amitié ! c'est le besoin de remplir ce vide qui nous poursuit partout, de nous dérober à cet ennui secret, ouvrage de la nature, qui nous force à chercher la société des hommes, et sans lequel nous vivrions farouches et isolés... Si nous sommes bienfaisants, c'est pour goûter la jouissance attachée au bienfait... Enfin, dépouillez la gloire de ses rayons éblouissants, que vous restera-t-il ? La vanité. »

— Quel système révoltant ! dit Mendoce : il dessèche, il flétrit l'âme, et dégrade la dignité de l'homme... Ah ! mon cœur se refuse à s'y soumettre : il est trop odieux pour être vrai.

— Voilà bien les mortels ! continua don Alvarès : on leur dessille les yeux, et ils se plaignent parce que la lumière trop vive a blessé leur vue délicate, parce qu'ils ne trouvent pas ce charme imaginaire dont ils s'étaient plu, dans leur aveuglement, à revêtir tous les objets. Seigneur Mendoce, ajouta-t-il d'un ton mélancolique et en le conduisant vers une fenêtre, vos illusions ne tarderont pas à se dissiper, et le monde alors s'offrira à vos regards comme cette campagne éclairée par la lune : au printemps, le feuillage cachait ces tristes fondrières et ces chaînes de rochers ; les accents mélodieux du rossignol charmaient l'oreille attentive, et les bergers venaient danser sur la fougère, au son des guitares et en chantant de naïves siquedilles : maintenant l'hiver est arrivé : les champs sont déserts ; plus d'oiseaux, plus de chansons, de joyeux fandango ; et les rameaux noirs et dépouillés laissent plonger l'œil dans ces horribles précipices, ou s'arrêter avec effroi sur ces niasses informes et stériles.

» Jeune et sans expérience, vous vous refusez à croire les tristes vérités que je viens de vous révéler ; mais moi, j'ai parcouru presque en entier le chemin de la vie ; et c'est le résultat de soixante années de réflexions et de souffrances que je viens de vous faire connaître. Je veux aussi vous confier mon histoire, et, après l'avoir entendue, vous direz avec moi que le mobile de toutes les actions des hommes, c'est un vil égoïsme. »

En prononçant ces mots, don Alvarès quitta Mendoce, et ne lui donna pas le temps de répondre : celui-ci peut-être n'en fut point fâché ; car, après tout, on n'aime guère à contrarier un riche seigneur qui vous loge chez lui, vous admet à sa table, vous prête généreusement sa bourse, et qui est commandeur des chevaliers de Calatrava. Comme le disait avec raison mon savant ami le docteur Geronimo Valerio, un tel personnage ne saurait avoir tout à fait tort.

CHAPITRE IV.

Où l'on verra deux nouveaux personnages qui ne jouent pas un grand rôle, mais avec lesquels il est important de faire connaissance. Le Bossu raconte son histoire à Mendoce : son enfance ; ses amours ; comment il devient misanthrope. Mendoce retourne à Tolède.

Le sommeil des amants, et surtout des amants malheureux, n'est point d'ordinaire paisible et de longue durée ; néanmoins, il faisait grand jour quand Mendoce s'éveilla. Il repassa longtemps dans sa mémoire les tristes évènements qui s'étaient succédé pour lui depuis quelques jours ; mais enfin, s'arrachant à ces pénibles réflexions, il se rendit près d'Alvarès qu'il trouva s'entretenant avec deux cavaliers richement vêtus, et dont les attentions pour le comte semblaient serviles et méprisables, tant elles étaient prodiguées. « Mon hôte, voici don Fernando del Lunès et don Gabriel del Ribosa, mes parents assez éloignés et mes seuls héritiers. » Ces paroles du Bossu furent accompagnées de son étrange sourire, dont l'expression parut encore plus amère à Mendoce. Le jeune Tolédan s'étonna aussi de voir, pendant le déjeuner, don Alvarès prendre plaisir à blesser l'amour-propre de ses parents, et manquer pour eux des égards dont il l'accablait. Au reste, ils ne s'en apercevaient guère, ou du moins ils feignaient de ne pas s'en apercevoir ; et ils redoublèrent encore leurs protestations et leurs accolades lorsqu'ils prirent congé de leur parent.

Celui-ci, tandis qu'ils s'éloignaient, attacha sur eux son regard perçant et malicieux, et resta quelques instants plongé dans une profonde rêverie. Et puis, se tournant tout à coup vers Mendoce, comme s'il était fâché qu'on l'eût vu dans cette rêverie : « Je vous ai promis hier, lui dit-il, de vous raconter mes aventures : je vais m'acquitter de ma promesse. Vous trouverez dans ce récit quelque consolation ; car l'homme est tellement égoïste, qu'il sent moins vivement ses malheurs en voyant un autre plus malheureux que lui.

» Doña Bianca, ma mère, appartenait à une famille pauvre mais noble de Calatrava : épris de sa beauté, un grand d'Espagne, don Antonio della Ribeira, l'épousa secrètement, et lui promit de reconnaître son mariage dès qu'il parviendrait à fléchir le courroux de son père, irrité de cette mésalliance. Vous voyez en moi le fruit de leur union.

» La difformité que j'apportai en naissant, et qui fut causée par les précautions de doña Bianca pour cacher sa grossesse, inspira tant d'aversion à mon père, qu'il refusa toujours de me voir et de rendre public un mariage qui lui donnait un bossu pour héritier. Cette injuste conduite causa à ma mère un chagrin auquel elle succomba quelques mois après ma naissance.

» Don Ribeira contracta bientôt un nouvel hymen ; et je fus mis, par son ordre, dans un couvent, sous le nom supposé de Pedrillo. Tandis que les fils de sa seconde épouse recevaient une éducation brillante et analogue au rang dont il m'avait jugé indigne, moi je languissais dans le plus honteux abandon !... Un vieux moine me prit en pitié, soigna mon enfance frêle et valétudinaire, m'enseigna le peu de latin qu'il savait, et m'engagea, lorsque j'eus atteint ma seizième année, à entrer dans les ordres. J'allais suivre ce conseil... On m'apprit que j'étais fils d'un grand d'Espagne, et que mon père, le noble comte della Ribeira, me faisait appeler près de lui : je m'éloignai en pleurant du bon moine mon bienfaiteur. Hélas ! il fut le seul qui m'aima sincèrement durant les soixante années que j'ai vécu.

» Tous les enfants du comte della Ribeira étaient morts : il ne lui restait, pour hériter de ses titres et de son immense fortune, que ce pauvre bossu abandonné depuis son enfance ; et, comme il importait au comte que ces avantages ne passassent point en des mains étrangères, le même orgueil qui m'avait fait refuser jusqu'au nom de mes aïeux fut l'unique cause de mon rappel.

» Un an après ma sortie du couvent, mon père mourut entre mes bras ; et, tandis que je pleurais à ses côtés, il ne pouvait encore vaincre la répugnance que lui inspirait l'être difforme qu'il n'appela jamais son fils.

» Me voilà donc, à dix-huit ans, possesseur d'une immense fortune et maître absolu de mes actions. Isolé depuis ma naissance, je sentais vivement le doux besoin d'aimer ; aussi ne tardai-je pas à me lier d'étroite amitié avec don Juan Salzedo, jeune cavalier, orphelin comme moi, mais dont le faible patrimoine ne répondait pas à la haute naissance. Nous étions inséparables, et notre amitié devint bientôt célèbre à Madrid et à la cour, car j'avais quitté Calatrava pour aller habiter la capitale des Espagnes.

» Je m'abandonnais avec ivresse aux charmes de cette douce union, quand un sentiment nouveau fit palpiter mon cœur : placé, à un combat de taureaux, près d'une jeune fille d'une rare beauté...

» Seigneur cavalier, ajouta le comte en souriant, je n'ai plus vingt ans, et je suis bien guéri de mon amour : aussi ne vous ferai-je ni le portrait de doña Margarita, ni le récit des moyens que j'employai pour lui plaire, des obstacles qu'eut à surmonter mon amour : qu'il vous suffise de savoir que je me crus aimé.

» On faisait les préparatifs de notre mariage... Une nuit, de retour de Madrid après un voyage de courte durée, je voulus au moins, dans ma tendre impatience, voir le logis de doña Margarita : quel fut mon étonnement de trouver sa porte entr'ouverte !... Je m'avance ; j'écoute : des éclats de rire frappent mon oreille. « Mon cher Juan, disait une voix trop connue, tu contrefais à ravir ce plaisant original qui, dans sa sotte vanité, s'imagine que l'on puisse aimer un monstre pour lui-même. La pauvreté m'impose la pénible obligation de l'épouser, mais ton amour... » Je ne lui donnai pas le temps d'achever : je me précipitai sur eux, l'épée à la main ; et j'allais frapper les perfides qui fuyaient... Une glace placée devant moi m'offrit tout à coup l'aspect de ma triste difformité... Cette vue soudaine me désabusa en un moment de toutes mes illusions : je compris que l'amour et l'amitié ne sauraient exister pour un être chétif, rebut de la nature, et je rentrai chez moi guéri radicalement de mon amour, et appréciant les amis à leur juste valeur.

» Un autre peut-être aurait déploré la perte de ses illusions ; mais moi, au contraire, je m'en applaudis. Je méprisais les hommes : je ne pris point la peine de leur cacher ce mépris, que justifiaient de jour en jour les observations. Je trouvais même du plaisir à ravaler ce qu'ils nomment beau, grand, vertueux, en dévoilant l'égoïsme qui seul les fait agir ; en un mot, je forçai les hommes à se voir tels qu'ils sont.

» Néanmoins, je n'ai jamais hésité à leur être utile quand je l'ai pu ; mais, en agissant ainsi, je cherche seulement cette jouissance que l'on goûte, cette supériorité que l'on obtient en se vengeant par un bienfait. »

Don Alvarès allait sans doute continuer bien longtemps encore ses invectives contre les hommes, lorsqu'il fut interrompu par l'arrivée de l'alcade : celui-ci venait apprendre à Mendoce que Pedro avait été arrêté à Calatrava par la sainte-hermandad[35], chez d'honnêtes receleurs, et qu'il serait immanquablement condamné aux galères. Le jeune homme crut qu'il allait rentrer en possession de sa valise et de son cheval ; mais, comme c'étaient des pièces de conviction, la justice ne jugea pas à propos de s'en dessaisir, et jamais depuis il n'en entendit parler. Seulement, il vit un jour à Tolède un grand homme sec qu'on lui dit être un juge de Calatrava, et qui montait avec beaucoup d'aisance une des pièces de conviction.

Deux jours après, le valet que Mendoce avait envoyé à Tolède lui rapporta l'argent nécessaire pour terminer sa route : malgré les instances de don Alvarès, qui voulait le déterminer à passer encore quelques jours près de lui, le jeune Tolédan repartit aussitôt, non sans exprimer de nouveau sa reconnaissance au seigneur della Ribeira, et sans laisser à ses domestiques des marques de sa générosité.

<h1 style="text-align:center">CHAPITRE V.</h1>

Quelle visite reçut Mendoce. Il retourne au château della Ribeira. Motif de son voyage. Ses compagnons de route. Il peut enfin épouser Inézille. Conclusion.

Le temps est d'ordinaire un remède infaillible à l'amour ; cependant, quoique deux années se fussent écoulées depuis les évènements dont nous avons fait le récit dans les précédents chapitres, la tendresse de Mendoce pour Inézille n'avait rien perdu de sa violence ; et des larmes baignaient son visage toutes les fois qu'une de ces vieilles duègnes, que l'or rend sensibles aux peines

---

[35] Police locale ou centrale, créée par les Rois Catholiques d'Espagne, sur le modèle des confréries armées du XIIe siècle, pour lutter contre le brigandage endémique. (N.d.E)

des amants, lui faisait parvenir une lettre de la fille de don Garcias.

Un jour, il vit s'arrêter devant sa maison un carrosse aux armes de don Alvarès : croyant que le comte, dont il n'avait pas eu de nouvelles depuis son départ de Mérida, venait passer quelques jours à Tolède chez celui qu'il avait si gracieusement obligé, il se précipita à la portière, s'apprêtant à le recevoir de son mieux ; mais, à sa grande surprise, ce n'était point le seigneur della Ribeira : il ne vit descendre de la voiture que ses deux parents don Fernando et don Gabriel, vêtus de noir, et affectant une douleur hypocrite : ils lui apprirent que leur cher et digne cousin don Alvarès était mort ; qu'il avait institué Mendoce son exécuteur testamentaire, et qu'ils le suppliaient de se rendre avec eux à la Ribeira, pour leur faire connaître les dispositions du défunt.

Mendoce, étonné de cette marque de confiance, donna des regrets sincères à la mémoire du comte ; et, s'empressant de remplir ses dernières volontés, il partit avec les deux seigneurs qui, durant le voyage, ne purent si bien cacher leur joie qu'elle ne se trahît à tout moment : tantôt ils se communiquaient les plans d'embellissements qu'ils projetaient au château ; tantôt ils s'entretenaient des plaisirs qu'ils goûteraient à Madrid avec les grands biens de leur cousin. À la dépense qu'ils firent chez lui, à la manière généreuse dont ils le payèrent, l'estimable hôtelier Grégorio Gonelès dit en faisant craquer ses doigts : « Par saint Grégoire mon patron ! Ces gens sont à coup sûr des héritiers ; et je ne demanderais à la sainte bonne Vierge que de m'envoyer de pareils hôtes une fois la semaine ! »

Arrivés à la Ribeira, Mendoce et ses compagnons de voyage furent reçus par l'alcade et le notaire Metellino : don Fernando et don Gabriel ne laissèrent point de repos aux deux hommes de loi et au Tolédan qu'ils ne se fussent rendus dans la salle où devait être ouvert le testament. Le notaire, en présence de l'alcade et de nombreux témoins, fit observer que le sceau du défunt était encore entier et intact ; après quoi il le rompit et lut la teneur suivante à haute et intelligible voix.

« Je, Alvarès Antonio, comte della Ribeira, seigneur de Tormosa, commandeur, etc., appréciant à sa juste valeur le noble caractère de mes dignes parents don Fernando del Lunès et don Gabriel Ribosa, déclare que les témoignages d'affection qu'ils m'ont prodigués et les nombreux cadeaux dont ils m'ont accablé... »

Ici les deux cousins essuyèrent une larme et firent une modeste inclination. Metellino, que cette marque de sensibilité avait interrompu, reprit sa lecture en ces termes : « ... Et les nombreux cadeaux dont ils m'ont accablé ne m'ont point ébloui ; et que, n'ayant aucun droit à ma succession, ces deux hidalgos n'en auront pas un maravédis.

» J'institue mon légataire universel don Luis Garcias de Puebla, commandant de la ville et du fort de Mérida, sous l'expresse condition qu'il abandonnera son gouvernement pour aller habiter Tolède, et qu'il donnera en mariage sa fille unique à Mendoce Perès, mon exécuteur testamentaire. »

C'est au lecteur à se peindre et la rage des deux parents, qui sortirent en maudissant le Bossu, et les transports de joie que fit éclater Mendoce... N'osant en croire ce qu'il venait d'entendre, il prit le testament des mains du notaire pour s'assurer de la réalité de son bonheur... Tout à coup la rougeur de la honte couvrit son visage : il avait lu ces mots écrits de la main du comte della Ribeira : « Mendoce, es-tu convaincu maintenant que tous les hommes sont égoïstes, que tu es toi-même égoïste ? Je connais assez le cœur humain pour savoir que toutes tes pensées, en ce moment, sont pour ton mariage ; et que tu n'as pas songé, je ne dirai pas à regretter le Bossu (on ne regrette pas ceux dont on hérite), mais seulement à bénir sa mémoire. »

LE THÉRIAKI[36]

EXTASE ORIENTALE

> Il vaut mieux un grain d'opium, que douze gourdes pleines de riz.
> (*Proverbe oriental*)
> Le bonheur ? C'est l'ivresse qui ôte la raison.
> (ANONYME)

« Hélas ! Mes mains débiles et convulsives peuvent à peine élever jusqu'à mes lèvres cette coupe dont les secousses font épancher le breuvage... Oh ! Que l'ange de la mort serait le bienvenu, s'il étendait sur ma bouche son glaive redoutable !... La vie me pèse tant ! Il n'est point un vrai croyant plus misérable que moi : mes nerfs contractés penchent ma lourde tête sur mon épaule gauche ; une coupe paraît un fardeau à mes mains tremblantes ; mes jambes desséchées plient sous mon corps chétif, et la moindre lueur ferme mes yeux, trop faibles pour la supporter.

» Je voudrais être dans un linceul où les pieuses mains d'un derviche auraient inscrit des versets du Coran ; je voudrais que les serviteurs de Mahomet se prosternassent en voyant ma demeure illuminée de lampes funèbres ; oui, je voudrais qu'ils répétassent en se frap-

---

[36] Terme rapporté par François Pouqueville en 1824 dans ses mémoires de Grèce, et sans doute connu de lui pendant sa captivité à Istambul, pour désigner un « mangeur d'opium », ou un fumeur de haschich. Il sera utilisé par nombre d'écrivains du XIXe siècle. (N.d.E)

pant la poitrine : « Massoud l'Aga n'est plus ! Dieu est Dieu ! Mahomet est son prophète ! »

» Et que me reste-t-il à faire sur la terre ?

» En vain l'on étale devant moi les mets les plus délicieux : ils n'excitent que mon dégoût !

» Que me sert d'avoir dans mon sérail des esclaves de Géorgie aux blanches épaules, des Caffres aux mouvements passionnés, au teint de cuivre, des Africaines aux grands yeux, au sein noir ? Leur sourire me laisse glacé ; leurs danses voluptueuses me fatiguent : il me faut abaisser sur mes oreilles le triple bandeau de mon turban, lorsqu'elles marient leurs voix et jouent du luth ou de la flûte persique : les sons les plus doux ébranlent mon débile cerveau et sont trop bruyants pour lui.

» Oui, je voudrais être dans un linceul, où les pieuses mains d'un derviche auraient inscrit des versets du Coran ; oui, je voudrais que les serviteurs de Mahomet se prosternassent en voyant ma demeure illuminée de lampes funèbres ! »

Tels étaient les pensers de l'Aga Massoud.

Étendu tristement dans un vaste sopha, pâle, immobile, les yeux à demi fermés, on l'aurait pris pour un cadavre, si l'on n'avait entendu le râlement de sa lente respiration.

Bientôt les effets de l'opium qu'il venait de boire commencèrent à se manifester : un souffle plus hâté souleva sa poitrine ; tous ses membres tressaillirent d'un frisson convulsif ; son visage gonflé devint pourpre ; une expression farouche fit scintiller ses yeux naguère ternes et mornes.

En même temps, une fraîcheur, un bien-être indicibles circulaient dans ses veines et rendaient une existence factice à ce demi-cadavre ; une influence magique faisait reluire à ses regards, sur tous les objets, les reflets d'une lumière éblouissante.

Des visions suaves s'élevaient, passaient et repassaient, tournoyaient devant ses regards charmés : c'étaient les vertiges d'une ivresse, non pas telle qu'en produisent les boissons fermentées d'Europe, mais d'une ivresse divine, d'une extase inexprimable, sublime !

« Oh ! murmura-t-il d'une voix entrecoupée, oh ! quelles sensations de bonheur inondent tous mes sens ! Elles sont trop délicieuses pour les forces d'un mortel : il faudra que j'y succombe !

» Une molle langueur clôt à demi mes yeux ; mes membres tièdes et assouplis se laissent aller au plus doux abandon... Faites cesser la céleste mélodie qui bruit autour de moi... écartez ces houris qui voltigent en me souriant et soulèvent les guirlandes de fleurs enlacées autour de leur sein demi-nu... Beaux fantômes, laissez-moi, oh ! Laissez-moi ! Voulez-vous me faire mourir de volupté !

» Il faut me dérober à ces fantastiques images... Il faut fuir... Un magique pouvoir m'entraîne et me fait glisser avec légèreté sur des prairies émaillées de fleurs, sur des rives étincelantes de lumière, sans que mon pied ait la fatigue de se lever, sans que la volonté dirige le corps ; sensation délicieuse, où se mélangent l'inertie du repos et le bien-être du mouvement !... Je ne glisse plus à cette heure : un balancement vague et langoureux me berce avec volupté, et des êtres mystérieux m'enlèvent lentement dans les nuages.

» Ce sont des anges qui me soutiennent dans leurs bras entrelacés, ce sont des anges du divin prophète Allah ! J'entrevois leurs têtes riantes au-dessus de mon épaule ; leur souffle humide s'exhale sur mon front, et les blonds anneaux de leur belle chevelure effleurent doucement mes lèvres !

» Puissé-je ne m'arrêter jamais, toujours, toujours être emmené par l'impulsion inconnue qui m'entraîne !... Non ! divins messagers du prophète, pas même pour visiter ces innombrables palais, étincelants d'émeraudes et d'escarboucles, qui fuient devant mes regards, non pas même pour ces houris dont la voix modulée m'appelle !... Non, non ; ne vous arrêtez pas ! On se balance si mollement dans vos bras, on palpite d'une si douce extase, en respirant l'air dont cette région est embaumée !... L'air des mortels me ferait mourir... Volons toujours ! Volons

sans arrêter, comme la flèche rapide de l'ange de colère !...
Volons, volons encore !... Que le vent céleste qui souffle
sur mon visage ne cesse jamais de souffler !... »

Et la voix de Massoud, devenue peu à peu basse et
inarticulée, ne murmura plus que des mots rares et sans
suite ; et ses yeux se fermèrent ; et il s'endormit d'un
sommeil profond qu'excitaient des rêves fantastiques et
de volupté.

Le lendemain, à son réveil, Massoud était pâle, souffrant ; et à peine sa voix exténuée put-elle se faire entendre à ses esclaves : il les appelait pour qu'ils lui servis-
sent une nouvelle potion d'opium.

LA TERREUR NOCTURNE

AVENTURE ECOSSAISE

1810

> Je suis de ceulx qui sentent très grand effort de l'imagination : chacun en est heurté, mais aulcuns en sont renversez.
>
> (MONTAIGNE, ch. xx)
>
> Ah ! ah ! Vous me feriez rire de bon cœur !... Vanter votre raison, votre courage !... Il ne faut que l'accident le plus ridicule, pour mettre en défaut le dernier et ruiner l'autre à tout jamais.
>
> (ANONYME)

Oh ! la délicieuse journée que va passer lord Edgard ! Partir au point du jour pour les ruines du prieuré de Saint-Ruth, partir avec la naïve miss Arabelle, et la spirituelle, la piquante duchesse Mac-Moran ! Et puis avoir pour monter la bonne et indulgente milady Tornson, et pour cicerone le jovial et savant docteur Raleigh !

Allons donc ! En route ! Adieu à la vieille Édimbourg ! Le ciel n'a pas un nuage ; le vent qui rafraîchit fait doucement trembler la feuillée des chênes... Allons ! en route, en route !... Et ce fut d'abord un riant mélange de discours folâtres, de propos tendres, de plaisanteries ingénieuses : j'aurais défié le front le plus soucieux de ne point s'épanouir ; j'aurais défié l'homme le plus phlegmatique de ne point ressentir l'influence électrique de cette gaîté qui jaillissait de toutes parts en étincelles.

Mais un nuage s'est formé à l'extrémité de l'horizon ; il s'étend comme un voile lugubre : au lieu de la lumière de tout à l'heure, de ce jour radieux qui parait la nature d'un éclat doux et vivant, tous les objets deviennent mats et inanimés ; on ne respire plus librement, on n'éprouve plus un bien-être indicible ; et je ne sais quelle tristesse vient resserrer le cœur et glacer l'imagination. Encore, si l'on tressaillait à la vue soudaine d'éclairs qui brillent, qui meurent, qui renaissent au fracas majestueux de la foudre ! Mais non : c'est une pluie lente, grisâtre, monotone, qui resserre les membres d'une gêne glacée. Ils ne font point leur repas sur l'herbe ; les arcades à demi ruinées du vieux monastère ne retentissent pas de leurs joyeux éclats de rire : renfermés dans une pauvre chaumière où râle sur un grabat une vieille agonisante, ils passent, sans proférer une parole, deux longues heures de pluie, de désappointement et de tristesse. Enfin, les chevaux sont reposés : on peut partir, et quitter cette demeure noire où l'on respirait si péniblement un air fétide, où l'on avait amené la gêne, la gêne près du lit d'une mourante ! Quelques dons furent laissés à une grande fille pâle et chétive, l'unique créature qui pleurât au chevet de la malade. Elle murmura pour remerciement : « Cela servira, mesdames, à faire enterrer ma mère. »

Pour comble de malheur, les chemins sont devenus mauvais : les pieds des chevaux glissent, les roues s'enfoncent en de profondes ornières : il sera nuit quand la berline atteindra Édimbourg... Nuit ? Non, il sera demain ; car voici l'essieu qui se brise, la voiture qui gît sur le revers d'un fossé. Grâce à Dieu ! Personne n'a reçu de blessures : une grande frayeur pour les dames ; pour tous une nuit pluvieuse passée à la belle étoile, voilà les seuls inconvénients du malheur qui vient d'arriver. Il faudrait pourtant chercher un asile : de quel côté ? On se trouve à cinq milles de toute habitation ; et le moyen d'en gagner une, avec une chaussure frêle, à travers des routes de boue, durant une pluie semblable ? Il se trouve bien, à quelque distance, un vieux château en ruines, et que les propriétaires, s'il en a encore, ont cessé d'habiter depuis un temps immémorial : aujourd'hui, les seuls êtres vivants que l'on y rencontre sont une vieille Écossaise et sa fille : elles sont venues s'établir parmi ces décombres, à peu près comme les hirondelles s'emparent d'un angle de fenêtre pour y bâtir leurs nids. Après avoir tenu conseil, on résolut à l'unanimité d'aller chercher un gîte au vieux château, tandis qu'un des domestiques veillerait à la voiture, et que l'autre monterait à cheval pour quérir des ouvriers.

L'hospitalité ne fut pas aussi mauvaise qu'on devait le craindre : la bonne femme du château reçut de son mieux les étrangers : ayant affaire, elle le voyait bien, à des gens de haute condition et qui récompenseraient largement son zèle, elle fit une de ses plus belles révérences, et mit à la disposition de ses hôtes et son logis et le château.

Les dames échangèrent d'abord leurs vêtements chargés de pluie contre les habits de fête de Betty, la fille de la vieille femme. La gaîté des voyageurs se ranima quelques instants : ce fut quand on vit revenir les deux jeunes ladys vêtues d'un jupon écarlate et dont la coupe écossaise laissait voir leurs jambes chaussées d'un bas de laine bleu et d'un soulier à larges boucles ; pour leurs coiffures, c'était un bonnet de mousseline qui retombait sur leurs épaules, et ne se trouvait pas défavorable assurément à leurs charmantes physionomies. Toute la veillée se passa près d'une haute cheminée où brûlait un feu de tourbe... Insensiblement la conversation devint triste et lugubre, et l'on se mit à conter des histoires terribles et de revenants : c'était le vieux docteur qui, voyant son auditoire merveilleusement disposé à ressentir les sombres impressions de ce genre de récit, s'amusait au dernier point à suivre les progrès de la terreur vague et insurmontable qui, durant ses narrations, s'emparait peu à peu des dames, et gagnait même le gentleman Edgard. Il le faut dire, les contrariétés de la journée, les souvenirs de la chaumière de Saint-Ruth, le vent qui mugissait, la lueur fausse du foyer, et puis ces murailles chargées de sculptures gothiques, secondaient on ne peut mieux le docteur : jamais aussi l'on n'eut occasion d'être autant que lui satisfait d'un auditoire. L'enrouement de sa voix, et les yeux de milady Tornson, qui commençaient à se fermer, indiquèrent que s'il voulait conserver intact un si beau succès, il était temps d'y mettre fin : tirant donc sa montre, il annonça que minuit était sonné depuis long-temps : les dames s'emparèrent alors de la seule lampe qui se trouvât chez leur hôtesse, et le docteur et sir Edgard allèrent, chacun de leur côté, se coucher sur des bottes de paille jetées dans les deux seules chambres du château où la pluie ne pénétrât pas à travers la toiture délabrée.

Le hasard avait fait placer Edgard dans la partie la plus reculée de la masure : son imagination tendre et encline à l'exaltation avait éprouvé vivement le prestige des contes du docteur ; et puis, après avoir traversé à tâtons un long corridor noir, il se trouva seul, éloigné de tout le monde, dans la grande salle déserte d'un bâtiment en ruine : il ne put donc se défendre d'une sorte de crainte mystérieuse. Tout en reconnaissant l'absurdité d'une pareille sensation, il n'en subissait pas moins les effets : enveloppé de son manteau et couché dans un coin, au milieu d'une profonde obscurité, il sentait battre vivement son cœur. L'unique lueur qu'il aperçût était celle que la lune jetait parfois à travers les grands nuages que le vent poussait avec rapidité ; l'unique bruit qui frappât son oreille était les cris d'un hibou et les mugissements de la bourrasque.

Il commençait à sommeiller néanmoins, quand la porte mal close s'ouvrit avec un brusque fracas... Il s'éveille en sursaut : la lune éclairait à demi l'endroit où il se trouvait... Grand Dieu ! Un fantôme blanc se tenait au-dessus de lui !... Il veut crier : la voix lui manque, il veut fuir : une main puissante, inexorable, le retient par ses vêtements... Il tombe sans connaissance.

Le lendemain, au point du jour, les domestiques avaient ramené au vieux château la berline, mise tant bien que mal en état d'arriver à Édimbourg : à cette bonne nouvelle, tout le monde se rassemble.

Mais Edgard manque. — « Il dort, le paresseux !... Allons, allons ! il faut aller le réveiller. »

On le trouva pâle, sans mouvement, et la poche de son habit passée dans le pied d'une vieille statue de pierre... Ses cheveux étaient devenus blancs.

On eut bien de la peine à le rappeler à la vie. Pour sa raison, il ne put jamais la recouvrer.

Table des matières

KarYair Voyage Édition

Dernières parutions

NOMADES DU TIEN SHAN
15 jours en famille dans le nord du Kirghizstan
(W. Schueller, 2017)

VIE D'ALI PACHA, VISIR DE JANINA
Surnommé Aslan ou le Lion
(A. De Beauchamp, 1822)

LE ROI DES MONTAGNES
(E. About, 1857)

CONTES ALBANAIS
(A. Dozon, 1881)

Tous nos titres sont disponibles sur **Amazon.fr**